falter 41

Johannes W. Schneider

Unser Leben –
unser Schicksal

Sich selber näher kommen

Verlag Freies Geistesleben

3. Auflage 2011

Verlag Freies Geistesleben
Landhausstraße 82, 70190 Stuttgart
Internet: www.geistesleben.com

ISBN 978-3-7725-2541-4

© 2010 Verlag Freies Geistesleben
& Urachhaus GmbH, Stuttgart

Fotos: Umschlag und Innenteil: iStockphoto
Gestaltung Umschlag- & Innenseiten: Patricia Hagel
Druck & Bindung: Freiburger Graphische Betriebe
Printed in Germany

Inhalt

Vorwort	7
Biografie und Schicksal	11
Dem Anderen begegnen Wie entstehen und wie reifen Schicksalsbeziehungen	31
Der Ernst und die Stille und der Friede des Todes	49
Wenn Tote uns nahe kommen – vielleicht zu nahe	67
Von der Erde – Was Sterbende in den Himmel mitbringen	85
Von den Sternen – Was Kinder bei ihrer Geburt mitbringen	99
Das Schicksal zwischen Eltern und Kindern	119
Glück und Leid im Schicksal	135
Wunden im Schicksal heilen – Schuld und Verzeihung	149
Sinn und Ziel der Wiederverkörperung Gedanken aus Asien und Europa	165
Persönliches Schicksal und Zeitschicksal	181

Vorwort

Wenn Gedanken nicht bloß Inhalte, die man lernen und anderen mitteilen kann, sondern verinnerlicht zum Organ werden, um einen Sinn in unserem Leben zu sehen.

Über das Thema Biografie – Schicksal – Wiederverkörperung habe ich in mehr als vier Jahrzehnten viele Vorträge gehalten. An die Vorträge schlossen sich oft Aussprachen und persönliche Gespräche an, in denen ganz eigene Erfahrungen und Probleme der Zuhörer zur Sprache kamen. Diese Erfahrungen und die Fragen haben sich im Laufe der Jahrzehnte gewandelt. Das hängt gewiss damit zusammen, dass ein Vortragender in zunehmendem Alter andere Gedanken anregt, wohl aber auch damit, dass die Erfahrungen auf diesem Gebiet sich gewandelt haben.

Der Ausgangspunkt meiner Arbeit am Thema waren die Darstellungen Rudolf Steiners, die ich als Jugendlicher während des Krieges kennengelernt habe. Schicksal – den Krieg überleben oder nicht, durch die Ereignisse innerlich gestärkt oder gebrochen werden –, das war für uns ein Thema mit greifbarer Realität. Das waren für uns nicht Gedanken, über die man so oder so diskutieren kann, sondern wir waren ganz persönlich betroffen, es ging um das elementare Verständnis unserer selbst. Diese Gedanken waren für uns nicht bloß Inhalte, die man lernen und anderen mitteilen kann, sondern sie wurden, verinnerlicht, zum Organ, um einen Sinn in unserem Leben zu sehen.

Für mich ist der «gute» Anthroposoph nicht derjenige, der alles weiß und Rudolf Steiner zitieren kann, sondern derjenige, der gar nichts weiß, dem aber in der Begegnung mit der Welt genau das einfällt, was er im Augenblick braucht. Als Student lernte ich einen Anthroposophen kennen, der seine Vorträge so hielt, dass man die Inhalte ganz leicht vergessen konnte, dass man aber nach dem Vortrag sich selbst besser verstand. Es war Hermann Poppelbaum. Er war vor dem Krieg ausgewandert und Professor für Biologie an einer Universität in den USA geworden, ehe er nun nach Europa zurückkehrte. Er sprach recht einfach und anschaulich, gar nicht «akademisch». (Er schloss seine Vorträge, danach konnte man die Uhr stellen, nach 55 Minuten.) Und er sprach ganz locker und natürlich. Ich hoffe, etwas von diesem Poppelbaum'schen Geist ist auch in mein Buch übergegangen.

So bleibt mir noch, denen zu danken, die mich in den öffentlichen Aussprachen oder in persönlichen Gesprächen an ihren Lebensproblemen teilnehmen ließen. Vielleicht wird der eine oder andere in den Darstellungen dieses Buches sich wiedererkennen – und wird das hoffentlich billigen. Denn was der eine oder andere Mensch durchlebt und durchlitten hat, darf vielleicht auch anderen helfen.

Dortmund, im März 2010   *Johannes W. Schneider*

Biografie und Schicksal

Ist das Leben, das ich führe, eigentlich mein Leben?

Sie ist schon in recht späten Lebensjahren, da erzählt eine Frau aus ihrer Kindheit: Einmal habe ihre Mutter sie lange kopfschüttelnd angesehen und gesagt: «Ich weiß gar nicht, wie du in unsere Familie kommst, wir anderen sind doch ganz normal.» Normal, das war für sie gut bürgerlich, um nicht zu sagen spießbürgerlich. Nur nicht abweichen von der Norm, die in unseren Kreisen gilt, und diese Normen nicht hinterfragen. Denn Normen geben Sicherheit oder jedenfalls die Illusion von Sicherheit. Und dieses unnormale Mädchen fragte immer wieder: «Warum?»

Auch das Mädchen empfand, dass es in die Familie nicht recht hineinpasste, und sagte für sich selbst: Es gibt zwei Welten, unsere und die andere. Wie man dort ist in der anderen Welt und wie man dort lebt, das konnte sie sich nicht recht vorstellen, aber jedenfalls anders. Gehöre ich vielleicht selbst in diese andere Welt und kann ich einmal in dieser anderen Welt leben, später? Sie war schon fast volljährig, da lernte sie bei einer gutbürgerlichen Tanzveranstaltung einen jungen Mann kennen. Schon beim ersten Blick hatte sie gespürt: Der kommt aus der anderen Welt. Und, man kann es fast raten, wenig später holte der Mann sie dorthin ab. Endlich fühlte sie sich im Leben zu Hause. Aber das Wort der Mutter über ihre unnormale Tochter behielt seine Wirkung bis ins Alter.

Das Mädchen lebte durch das Schicksal in einer Familie, die nicht zu ihr passte. Und mit der sie nichts zu tun hatte? Doch. Vor allem mit der jüngeren Schwester verband sie ein lebenslanger gegenseitiger Hass. Und das Verhältnis zwischen den Eltern und ihrer älteren Tochter war eine merkwürdige Mischung von religiös motivierter Verantwortung füreinander und seelischer Ferne. Trotz der Fremdheit gab es ein Anziehungsband. Was das Mädchen suchte, war etwas ganz anderes als der Lebensstil ihrer Familie. Ihr Zugriff auf das eigene Leben passte nicht in den gegebenen Schicksalskreis. Und ihr Wille zum eigenen Lebensstil war stärker als das vorgefundene Schicksal. Doch, was im Alter gar nicht selten ist, sie wurde ihren Eltern ähnlicher. Was sie wirklich nicht wollte.

Wie anders klingt es, wenn der österreichische Dichter Peter Rosegger darauf zurückblickt, wie sein Lebenskonzept und das ihm begegnende Schicksal ineinandergreifen. «Ich bin geschoben worden», so schreibt er, «ohne es wahrzunehmen, geleitet worden, ohne zu wissen, wohin, bin von Unzweckmäßigkeiten ferngehalten, zu Gedeihlichem geführt worden. Alles völlig ohne ein zielbewusstes Wollen und Streben von meiner Seite. Und so ähnlich ging es durch das ganze Leben. Ich begann dann ja auch selbst zu wollen und zu trachten, aber an den wichtigen Wendepunkten griff allemal etwas Unerwartetes ein und leitete mich anders, als es gedacht war. Es war eine fast gerade gezogene Linie ohne viel Hin und Her des persönlichen Zutuns. – Zufall? Dazu war es zu systematisch, zu zwecksicher. Glück? Aber das Glück ist blind, kann viele Jahre hindurch so zielbewusst nicht arbeiten. Wie nenne ich es also, was mich geführt hat, wem soll ich danken? Es ist nicht modern, den Namen auszusprechen.»*

Wem er wohl danken darf? Indem er so fragt, zeigt der Dichter ja, dass er es weiß. Auf Namen kommt es nicht an, aber wenn ich verstehe, dass jemand mir ein so gut passendes Schicksal zubereitet hat, dringe ich in die Tiefenschicht meiner selbst vor. Heute haben wir ja wohl kaum noch eine Hemmung, von denen zu sprechen, die im Schicksal wirken, von den Engeln.

Bemerkenswert bleibt aber auch für uns heute die Beobachtung Peter Roseggers, dass das Schicksal, das uns scheinbar von außen, aus der Welt, entgegenkommt, besser zu unserem Ich passt als das Konzept, das wir uns selbst gemacht haben. Kennen denn diejenigen, die unser Schicksal komponieren, unser Ich besser als wir selbst? Unser Ich nicht nur, wie es bis heute geworden ist, sondern wie es in die Zukunft hinein werden will. Den Blick in

---

* Zitiert nach Gertrud Ott: «Von der Auferstehung des Individuums. Schicksalswege im Leben von Peter Rosegger», in: *Die Drei, Zeitschrift für Anthroposophie*, September 1993, S. 730 ff.

diese Richtung zu wenden, fein und intim zu beobachten oder vielleicht erst vorsichtig zu fragen, das führt mitten in das Verständnis von Leben und Schicksal hinein. Und das kann man bei Peter Rosegger lernen.

Wenn das Kind, vielleicht mit drei Jahren, versteht, dass es nicht immer so klein sein wird, sondern einmal Schulkind und schließlich erwachsen wird, da sind die Lebenserwartungen noch wenig realistisch und wenig individuell. Mama sein, das ist der Gipfel des Glücks. Denn Mama geht ins Kaufhaus und kauft, was sie will. Mama bestimmt, was es morgen zu essen gibt – Mama werde ich auch einmal sein, oder Papa.

Besonders bei körperbehinderten Kindern ist zu bemerken, dass um das neunte Jahr die Lebenserwartungen realistischer und individueller werden. «Ich werde mich nie so bewegen können wie die anderen, nie tanzen oder bergsteigen, nie. Mein Leben wird anders sein.»

Im Jugendalter werden Lebensideale dann gerne an bestimmten Berufswünschen festgemacht. Wenn so viele Mädchen Stewardessen werden wollen, so wird das von den Erwachsenen oft belächelt, denn so viele Flugzeuge gibt es ja gar nicht. Das sind doch ganz illusionäre Vorstellungen. Dem Jugendlichen aber geht es nicht um Arbeitsplätze, sondern um das, was zwischen den Zeilen des Berufswunsches liegt: Weltweite – oder gepflegter

Lebensstil – oder anderen Menschen helfen. Das ist es, worauf es ankommt, und das kann auch in ganz anderen Berufen oder Lebenssituationen verwirklicht werden.

Wenn der passende Platz im Leben im Laufe der Zwanzigerjahre, hoffentlich, gefunden ist, wenn man festen Boden unter den Füßen hat, da kommt es zu einer merkwürdigen biografischen Situation. Obwohl nichts schiefläuft, taucht eine Frage auf: Ist das Leben, das ich führe, eigentlich mein Leben? Andere haben vielleicht mehr Erfolg, aber das ist nicht die Frage, sondern ob das Leben, das ich führe, mein Leben ist: mein Beruf, meine Partnerin, mein Freundeskreis, mein Lebensstil. Diese Frage kann ich nur in der Stille mit mir selbst ausmachen. Denn wenn ich meine Partnerin frage, ob sie die richtige sei, bekommt sie das vielleicht in die falsche Kehle. Das Leben, so wie ich es heute führe, das habe ich ja vor Augen. Aber woher weiß ich, ob das mein Leben ist? Das weiß ich nicht aus dem Vergleich mit dem Leben von Alterskameraden, sondern das ist ein Wissen, das ich im Rücken habe. In seinem Roman *Die unerträgliche Leichtigkeit des Seins* spricht Milan Kundera von einem biografischen Entwurf, den wir ins Leben mitbringen, von einem recht offen lassenden Entwurf, von einem «Entwurf ohne Bild». Und das ist die merkwürdige biografische Situation in den Dreißiger-Lebensjahren, dass wir den offen lassenden

«Entwurf ohne Bild» vergleichen mit dem Bild des Lebens, das wir vor Augen haben. Noch etwas konkreter gesagt: Vor unserer Geburt haben wir den biografischen Entwurf für unser Leben in die Lebensmitte vorausgeworfen. Und wenn wir dort angekommen sind, taucht die Erinnerung an das auf, was wir mit diesem Leben gewollt haben. Das wird uns im Rücken, der der Vergangenheit zugewandt ist, bewusst, und wir vergleichen dieses Wissen mit dem Bild des tatsächlich gelebten Lebens. Erstaunlich oft wird diese Frage, ob das unser Leben ist, mit «Ja» beantwortet.

Und dann? Wenden wir uns hoffentlich von den mitgebrachten Idealen denjenigen Aufgaben zu, die die heutige Welt für uns bereit hat. Diese Wegscheide wird im Studium von Biografien oft noch zu wenig beachtet. Der Strom der Vergangenheit trägt bis zur Lebensmitte – und dann braucht die Biografie einen neuen Einschlag, ein Motiv, das nicht mit der Geburt mitgebracht wurde, sondern das sich in der Begegnung mit der Welt entfaltet und das in die Zukunft weist. Es geht nicht um einen Bruch mit der Vergangenheit, sondern darum, das bisher Entwickelte einzubringen und zu wandeln. Dem ewig Jugendbewegten fehlt dieser neue Einschlag in der Biografie. Er bringt beim Tode wenige Früchte aus diesem Leben mit, wenig Nahrung für die Engel, die auf ihn warten.

Unsere Gesellschaftsordnung nimmt noch wenig Rücksicht auf dieses Bedürfnis der Lebensmitte. Nicht wenige Menschen, die bis dahin in handwerklichen, technischen oder kaufmännischen Berufen gearbeitet haben, empfinden, dass sie neue Herausforderungen brauchen, und suchen daher neue Aufgaben im sozialen oder pädagogischen Bereich. Welche Wohltat wäre es für Kinder und vor allem für Jugendliche, Lehrer zu haben, die sich den Wind des Lebens um die Ohren haben wehen lassen. Doch die biografischen Motive sind individuell und passen nicht in die bürokratische Ordnung unseres Staates.

Wenn ich diese Lebensmitte in der eigenen Biografie schildern darf: Ich bin geboren im südlichen Zipfel des Thüringer Landes, nahe an der bayerischen Grenze. Während meiner Schulzeit und ersten Studentenzeit habe ich in Jena gelebt, dann durch zwei Jahrzehnte vor allem im Umkreis von Stuttgart. Die zarten, fast traumhaften Landschaftsformen um meinen kleinen Geburtsort, die markanten Bergformen um die Schiller-Stadt Jena, die Weite um Stuttgart, Remstal, Hohenstaufen sind recht verschiedene Welten, in allen dreien aber habe ich mich zu Hause gefühlt. Das war die Welt, die ich wohl gesucht habe, als ich vor der Geburt das Konzept meines Lebens entworfen habe. Mensch und Welt passten zusammen. So hätte es bleiben können. Aber die Lebensmitte brachte den großen neuen Einschlag. Nie hatte ich früher daran gedacht, einmal ins Ruhrgebiet zu ziehen. Dazu kam es durch eine neue berufliche Perspektive: in die Ausbildungstätigkeit einzusteigen, in die Ausbildung von Kindergärtnerinnen und von Altenpflegern. Damit wurde der Weg in das Leben hinein und aus dem Leben heraus ein neues zentrales Motiv meines Denkens. Und gleichzeitig tauchte, angeregt durch eine Reise nach Thailand, ein weiteres neues Interessensgebiet der zweiten Lebenshälfte auf, das Eintauchen in die asiatische Kultur und der Versuch eines Brückenschlags zwischen Europa und Asien. Wohnort, Berufstätigkeit und Themen der Arbeit wurden gleichzeitig neu, nicht aus meiner Vergangenheit bestimmt, sondern aus der Begegnung mit der Welt. Indem ich mich auf die Welt einlasse, werde ich *ich* selbst, in der Lebensmitte.

Menschen in der ersten Lebenshälfte fühlen sich oft dann glücklich, wenn sie den passenden Platz im Leben gefunden haben, wenn sie, um dieses abgegriffene Wort zu benutzen, sich selbst verwirklichen können. Wenn ein Sechzigjähriger immer weiter nur sich selbst verwirklichen will, so wirkt das wohl etwas überlebt. Es ist biografisch gesund, nach der Lebensmitte zu fragen, was die Welt braucht. Wenn ich das leiste, fühle ich mich wohl. Es gibt jedoch auch eine erneute, eine späte Suche nach dem rechten Platz im Leben, die biografisch überzeugend wirkt. Als der berufserfahrene und anerkannte Theologe Albert Schweitzer noch ein Medizinstudium begann, haben viele den Kopf geschüttelt. Aber Albert Schweitzer wurde unser Albert Schweitzer als der Urwald-Doktor. Durch seine Lebensleistung hat er gerechtfertigt, noch einmal Student werden zu dürfen.

Das Konzept für mein Leben bringe ich, wie Milan Kundera das so schön sagt, bei der Geburt mit. Das Ja zu diesem Konzept möchte aber von den Erden-Menschen erneuert werden. Und es möchte mit konkretem Inhalt erfüllt werden, denn das mitgebrachte Konzept ist noch bildlos. Was ich mit diesem Leben wollte, das kann in verschiedenen Berufen verwirklicht werden, im Rahmen einer Familie oder als Single, in meiner Heimat oder nach einer Auswanderung. Die Welt gibt mir einen größeren oder geringeren Spielraum für die Ausgestaltung meiner Biografie. Doch vielleicht meldet sich einmal eine mahnende Stimme im Innern, zunächst ganz leise, und erinnert daran, dass ich mir doch vorgenommen hatte, mehr ich selbst zu werden, mich nicht an Nebensächlichkeiten zu verlieren. Und wenn ich die leise Mahnung nicht höre, klopft das Schicksal oft härter an.

Schicksal wird oft geschildert als die Folgen meiner früheren Taten, die auf mich zurückschlagen. Schicksal aber will nicht Fehler, die ich früher begangen habe, bestrafen, sondern Schicksal hat mich im Blick. Es findet seine Erfüllung nicht in einem Ausgleich von Schuld, sondern in meiner Selbstfindung. Das Schicksal will *mich*: mich in einer gesunden Beziehung zu der Welt, in der ich lebe. Da hatte ein Mann während seiner Jugend in einer ausweglos scheinenden Situation ein Gespräch mit einem älteren Menschen, das ihm wieder Perspektive und Mut für das Leben gab. Dass das Gespräch dem Jugendlichen gut tat, hat er damals schon gespürt, aber erst später konnte er so recht würdigen, was dieses Gespräch für sein Leben bedeutete. Nun hätte er diesem älteren Menschen gerne gedankt, nicht nur mit Worten, sondern mit Taten. Aber der ist inzwischen gestorben. Der heute Erwachsene spürt, dass dadurch, dass er diesem älteren Menschen nicht mehr Gutes tun kann, das Gleichgewicht zwischen ihm und der Welt gestört ist. Unwiderruflich? Da begegnet er einmal einem Kind, das vernachlässigt ist und Hilfe braucht. Er mag dieses Kind sogleich und hilft gerne. Und spürt nach einiger Zeit, dass seine Beziehung zur Welt wieder «stimmt».

Hier wird das zentrale Motiv des Schicksals erkennbar. Es geht im Schicksal nicht um Belohnung oder Strafe für Handlungen, es geht nicht nur um die Beziehung zwischen diesen beiden Menschen, der Schicksalsausgleich kann auch in der Hilfe für einen anderen Menschen erfolgen, und dessen Situation kann ganz anders aussehen als meine Situation damals. Es geht zentral um das Gleichgewicht zwischen Empfangen und Geben. Ich verdanke der Welt, dass ich überhaupt bin und dass ich der bin, der ich heute bin. Gebe ich auch anderen in entsprechendem Maße die Möglichkeit zu werden, wer sie sein wollen?

Es gibt in der mittelalterlichen Kunst ein Bild Michaels: Der Erzengel erscheint beim Jüngsten Gericht mit der Waage in der Hand. In die eine Waagschale legt der Engel die guten Taten eines Menschen, in die andere Waagschale legen Dämonen, die gerne in der Mehrzahl auftreten, die bösen Handlungen. Und Michael wartet darauf, welche der Waagschalen nach unten sinkt, welche gewichtiger ist. Wenn es die Schale mit den bösen Handlungen ist, so dürfen die Teufel diese Seele mit sich nehmen in die Hölle. Ist es die Schale mit den guten Taten, so darf der Engel seinen Menschen in den Himmel geleiten. – Nun gibt es, seltener, auch Bilder Michaels mit leeren Waagschalen, die im Gleichgewicht zueinander stehen. Und Dämonen versuchen, dieses Gleichgewicht zu stören, werden aber durch Michael zurückgewiesen. Der Mensch, der im Gleichgewicht ist, dessen Schicksalsbeziehung ausgeglichen ist, der ruht in der Hand Michaels. Das sehen wir in einem modernen Schicksalsverständnis ganz ähnlich.

Wenn heute eine «Reinkarnationstherapie» empfohlen wird, so wird oft einseitig darauf hingeschaut, dass frühere Fehler heute eine seelische oder auch eine leibliche Erkrankung hervorrufen und dass daher die Fehler von damals durch heutige Taten ausgeglichen werden können und sollen. Doch was ich damals getan habe, kann heute nicht ungeschehen gemacht werden. Und meine heutige Lebenssituation ist eine ganz andere als die von damals. Dass ich nicht im Gleichgewicht bin zur Welt, das ist geblieben und das kann angegangen werden. Dazu aber brauche ich nicht zu wissen, was früher war, da brauche ich nur ein klares Bild meiner heutigen Situation. Wenn ich mein Verhältnis zur Welt, wie es heute ist, ordne, schaffe ich einen Ausgleich für die Schwächen in der Vergangenheit, eine Heilung im Schicksal, in der Begegnung mit denjenigen Menschen, mit denen ich es heute zu tun habe.

Bei der Betrachtung des Schicksals wird heute oft nur auf das hingeschaut, was zwischen zwei einzelnen Menschen geschieht, und zu wenig beachtet, dass wir durch gute oder schlechte Taten auch unsere Beziehung zur Menschheit als Ganzem verändern. Wer im Zorn einem anderen Menschen Leid zufügt, schädigt diesen anderen, aber auch sich selbst. Den Schaden an sich selbst kann nur der Mensch selbst ausgleichen, kein anderer kann erreichen, dass ich mich künftig besser beherrsche. Den Schaden, den ich einem anderen zugefügt habe, kann auch ein Unbeteiligter ausgleichen. Sonst wären die großen und kleinen Tyrannen, die Tausenden oder gar Millionen von Menschen furchtbares Leid zugefügt haben, schon jetzt rettungslos verloren. Denn dieses Leid auszugleichen, geht über die Kraft einzelner Menschen, aber vielleicht nicht über die Kraft der ganzen Menschheit.

Ich begegnete einem Kind, das aus einem Kriegsgebiet stammte, das Furchtbares erlebt hatte, wahrscheinlich auch die Ermordung seiner Eltern, das dann aber von einem deutschen Elternpaar adoptiert wurde. Es war nun in Sicherheit, aber hatte es den Schaden überwunden? Sicher nicht. Das war an dem misstrauischen, ganz unkindlichen Blick zu sehen. Das Kind war noch nicht wieder zu Hause unter Menschen. Was es doch so gerne sein wollte und was es nicht sein konnte. Bis ganz allmählich die Kraft des Vertrauens wieder erwachte und das Kind sich einigen Erwachsenen an den Hals werfen konnte. «Ich hatte ja solche Angst.» Im Vertrauen zu einzelnen Menschen konnte das biografische Konzept, das dieses Kind in das Leben hineingeführt hatte, wieder wirksam werden. Das Kind konnte beginnen, der zu werden, der es sein wollte. Durch Menschen die als Einzelne nicht an der Entstehung des Schadens beteiligt waren. Aber als Zeitgenossen. Es gibt nicht nur ein persönliches Schicksal, sondern auch ein Schicksal als Zeitgenossen.

Als Jugendlicher in den 40er-Jahren des letzten Jahrhunderts hörte ich davon, dass es in Indien immer wieder Hungersnot gab, dass viele Menschen verhungerten – während wenige andere im Luxus lebten. Arme Inder! Aber ich bin nicht ein Inder, ich nehme nicht an deren Volksschicksal teil, ich bin nicht unmittelbar betroffen, weil ich nicht zu deren Gruppe gehöre. Und wenn man in Indien den Reichtum sinnvoll einsetzen würde, könnte man die Not beheben. Die Inder könnten das, nicht ich. Ich kann Mitleid mit den Indern haben, aber ich bin nicht persönlich betroffen. – Nun hörten wir auch von dem Auftreten Gandhis. Er stellte Forderungen an die britische Kolonialregierung, deren Inhalt uns selbstverständlich war. Er hatte einen Stil des Auftretens, der uns fremd war. Aber da tauchte eine Empfindung auf: Wofür Gandhi sich einsetzt, das betrifft nicht nur und gar nicht in erster Linie Indien, das betrifft uns als Menschen. Er kämpfte für die Beachtung der Menschenwürde, für die Rechte aller Menschen. Hier war ich persönlich betroffen. Die Grenze zwischen den Kulturkreisen war überschritten, denn hier ging es um den Menschen, um die Menschheit. Für mich ist Gandhi bis heute derjenige, der den Blick eröffnet hat auf eine neue Dimension des Schicksals-Verständnisses. Ich lebe nicht nur in der Beziehung zu einzelnen anderen Menschen, sondern in der Beziehung zur Menschheit als Ganzem. Ich bin Mensch, ich bin ich durch die Menschheit.

Wo es um die Menschenwürde geht, da geht es auch um Menschheitsgeschichte und um Menschheitsschicksal. Als die Atombomben auf Hiroshima und Nagasaki fielen, haben wir ja noch nicht verstanden, was dort geschah. Denn es gab eine Nachrichtensperre. Aber als nach einigen Jahren bekannt wurde, was dort geschehen ist, waren wir betroffen. Diese Bomben waren nicht nur auf Japan gefallen und hatten dort viele Japaner wie auch Koreaner getötet, sie waren auf die Menschheit gefallen. – Jahrzehnte später nahm ich an einer Führung durch das Gebäude der Vereinten Nationen in New York teil. In Glasvitrinen werden dort Ausstellungsstücke aus einzelnen Ländern gezeigt. Es gab auch eine Vitrine mit Resten von Hiroshima: geschmolzenes Glas, einige Stofffetzen. Betroffenes Schweigen bei allen Besuchern. Hiroshima geht uns alle an, nicht nur die Täter und die Opfer.

Ob in einem Land die Menschenwürde geachtet wird, ist nicht nur «die innere Angelegenheit» dieses Landes, wie die Politiker es gerne sagen, sondern das geht uns alle an, weltweit. Dass wir heute menschheitlich empfinden, ist einer der großen kulturellen Fortschritte seit der Mitte des 20. Jahrhunderts. Die katastrophalen Ereignisse auf dem Balkan in den 90er-Jahren des 20. Jahrhunderts gehören sicher zum Menschheitsschicksal, wie die Überwindung der Apartheit in Südafrika. Wir brauchen nur noch etwas mehr Mut, um über dieses Thema offen zu sprechen.

Menschheitsschicksal greift heute immer tiefer in das persönliche Schicksal ein, vor allem in das Schicksal wacher moderner Menschen, die sich mitverantwortlich fühlen für das, was in der Welt geschieht, die sich identifizieren mit dem Zeitschicksal. Bei ihnen greifen Schicksalsmotive in das Leben ein, die nicht aus ihrer persönlichen Vergangenheit zu erklären sind, sondern aus dem gegenwärtigen Leben der ganzen Menschheit. Das ist eine neue Erscheinung. Der frühere österreichische Vizekanzler Erhard Busek war mit einigen Dissidenten aus den östlichen Nachbarländern befreundet, mit denen, die Widerstand gegen die politische Diktatur leisteten. Wenn er auf deren Schicksal hinschaut, sieht er «oft keine gradlinigen Lebensläufe, sondern mit Brüchen versehene», und diese Brüche kommen aus dem Schicksal der Zeitgenossenschaft, aus dem Menschheitsschicksal. Bisher hat man das Schicksal weitgehend als die ganz persönliche Angelegenheit des Menschen gesehen: Meine eigenen Taten bewirken mein eigenes Schicksal für die Zukunft. Selbstverständlich gab es ein Volksschicksal, das

das Schicksal des einzelnen Menschen erleichtern oder erschweren konnte. Da man sich stark mit dem Volk identifizierte, wurde Volksschicksal jedoch oft nicht als Eingriff von außen erlebt. Sobald Menschheit als Realität erlebt wird, wird auch das Schicksal der Zeitgenossenschaft realer. Das kann ich bejahen oder ich kann den Aufgaben als Zeitgenosse ausweichen. Dann aber bleibe ich nicht unberührt stehen, sondern ich bleibe zurück. Der moderne Mensch wird nur ganz er selbst als Zeitgenosse.

Dem Anderen begegnen

Wie entstehen und wie reifen

Schicksalsbeziehungen?

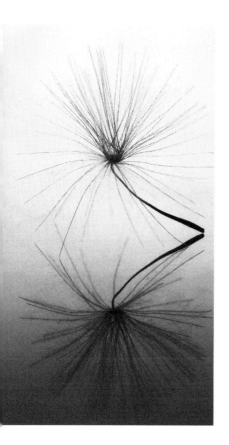

Das Schicksal meint *mich*, es will *mich*. Es will nicht, dass ich dies oder jenes tue, sondern dass ich mehr ich selbst werde.

Im Laufe des Lebens begegnen wir vielen Menschen, für eine kurze Zeit oder für Jahrzehnte, in einer engen oder in einer losen Beziehung, recht herzlich oder in kühlem Abstand. Wie auch immer, wir unterscheiden solche Begegnungen, die uns als Menschen berühren und verändern, von den anderen, die zwar in unsere Lebensverhältnisse eingreifen, die uns aber als Menschen kaum angehen, in denen wir nicht ein anderer Mensch werden.

Da habe ich einen Nachbarn, einen netten Menschen. Er ist ruhig, vor allem nachts, er putzt regelmäßig die Fenster und kehrt vor der Haustür, er sagt freundlich «guten Morgen» und gratuliert mir sogar zum Geburtstag. Nun aber, leider, wird er von seiner Firma versetzt und zieht aus. Doch ich habe Glück, ich bekomme wieder einen netten Nachbarn, er ist ruhig, vor allem nachts, er putzt regelmäßig die Fenster und kehrt vor der Haustür, er sagt freundlich «guten Morgen», und neulich hat er mir sogar zum Geburtstag gratuliert. Der frühere Nachbar ist schon fast vergessen, denn um ihn ging es ja gar nicht, sondern es ging um die angenehme Nachbarschaft. Und die ist mit dem neuen Nachbarn ebenso gegeben. Nichts fehlt, und so nehme ich wieder gar nicht den Nachbarn, sondern nur die Nachbarschaft wahr.

Eine ganz andere Situation: Mein Zug fährt in die Bahnstation ein und ich will aussteigen. Im Seitengang des

Wagens gehen schon mehrere Mitreisende entlang, die auch aussteigen wollen, und bald schließen sich hinter mir weitere an. Schritt um Schritt, langsam schieben wir uns vorwärts, in der Hand das Köfferchen, Schritt um Schritt. Eben will ich mich nach rechts wenden, der Ausgangstür zu. Da sehe ich im Durchgang zum nächsten Wagen einen Afrikaner stehen, der auf die Reihe der sich langsam vorwärts schiebenden Reisenden schaut und wohl so seine Gedanken hat: Das also ist Europa, Schritt um Schritt, Köfferchen in der Hand … Haben sie wohl ein wichtiges Ziel? Für zwei, drei Sekunden begegnen sich unsere Blicke. Wir verstehen uns. Ja, so ist das Leben, aber wir sind mehr als dieses Alltagsleben, wir sind Menschen. Noch heute, nach Jahrzehnten, taucht gelegentlich, wenn ich ruhig im Sessel sitze, dieser Blick des Afrikaners auf. Ja, wir verstehen uns, das ist es nicht, worauf es ankommt. Diese kurze Begegnung hat nicht meine Lebensverhältnisse verändert, aber sie hat mich berührt, sie betraf mein Ich. Diese zwei Sekunden gehören zu dem, was wir Schicksal nennen dürfen.

Ich gehe eine der belebten Straßen in Bangkok entlang. Da sitzen sie in einer langen Reihe, die Bettler, und strecken ihre Hände aus. Ich gehe an ihnen vorbei, wie die anderen Fußgänger vor mir und nach mir. Was soll ich denn sonst tun? Woher denn so viel Geld nehmen? Und diese Menschen brauchen doch wohl eher Arbeit als Geld.

Ich bin schon weit gegangen, da taucht ein Erinnerungs-
bild auf: Nicht die anderen, nur dieser eine Bettler, der
seine verkrüppelte rechte Hand ausstreckt. Ich habe schon
andere verkrüppelte Hände gesehen. Und als Europäer bin
ich beruhigt, weil es ja eine Invalidenversicherung gibt.
Ja, aber nicht in Bangkok. Daran hatte ich nicht gedacht.
Diese eine Hand hat es mir angetan, sie hat mich nicht
veranlasst, künftig nun alle Hände zu füllen. Aber darauf
zu sehen, wer die Hand ausstreckt. Diese eine Hand hat
mein Ich erreicht, mein Ich hat an ihr gelernt, mein Ich
ist durch diese Hand ein anderes geworden. Diese Hand
wurde mir zum Schicksal.

Schicksal ist nicht etwas, was mich trifft – mich trifft
und an anderen vorbeigeht – wahllos. Schon gar nicht ist
Schicksal eine dunkle Macht, sondern es ist eine helle,
hohe Schicht unseres Lebens, die zu wirken beginnt, wenn
wir aktiv werden, wenn wir unser Leben nicht nur leben,
sondern wenn wir am gelebten Leben zu uns selbst erwachen. Der Afrikaner im Zug, der Bettler in Bangkok waren
mir nicht von einem unergründlichen Schicksal geschickt,
sondern das Leben bringt Tag für Tag Situationen, an
denen ich aus dem Strom des Geschehens zu mir selbst
erwachen kann – wenn ich wach genug bin. Das Schicksal
meint *mich*, es will *mich*. Es will nicht, dass ich dies oder
jenes tue, sondern dass ich mehr ich selbst werde.

Ich bin unterwegs zu dem, der ich eigentlich sein will. Und wer einen anderen liebt, sucht denjenigen, der der andere noch nicht geworden ist, sondern der erst allmählich werden will, der er aber eigentlich schon immer ist. Wie schön, dass jemand den sieht, der ich werden will. Das gibt mir die Kraft, der zu werden, der ich eigentlich bin. Schicksal ist nicht, wie so oft gesagt wird, die Last der Vergangenheit, die ich abzuarbeiten habe. Sondern Schicksal wirkt von der Zukunft her in mein Leben hinein. Es ist der Ruf, der mein Ich aufwecken will. Schicksal beginnt, wo ich den wahrnehme, der ich schon lange sein wollte – ohne genau zu wissen, wer ich eigentlich bin. Schicksal beginnt, wo das Leben mir schicksalhaft wird, was jederzeit geschehen kann, zum Beispiel beim Aussteigen aus dem Eisenbahnwagen. Schicksal beginnt, wenn ich aufwache für eine Möglichkeit, die immer da war. Schicksal beginnt, wenn mein waches Ich nicht nur *sieht*, was ist, sondern wenn es *will*, was ist.

Wo aber beginnt Schicksal nicht nur für mich, sondern zwischen uns? Ein großer Teil des Lebens ist durch Konvention geregelt, vielleicht durch eine angenehme Konvention. Dass ich gut mit meinem Nachbarn auskomme, ist ja erfreulich, die Schicksalsebene aber wird hier noch nicht berührt, denn den Menschen im Nachbarn nehme ich kaum wahr, sondern vor allem die Nachbarschaft. Die alten Anstandsregeln sollten das Leben so ordnen, dass der Verkehr zwischen den Menschen möglichst reibungslos verlief. Man nahm am anderen vor allem wahr, ob er diese Regeln gut einhielt. Und wenn das der Fall war, hat man sich ja gut verstanden. Deshalb hielt man es für sinnvoll, dass die Eltern nach den möglichen Ehepartnern für ihre Kinder Ausschau hielten oder auch schon alles regelten. Denn die Eltern hatten Lebenserfahrung und ließen sich nicht täuschen wie die verliebten Jungen.

Es gibt Damen in reiferen Jahren, die den unwiderstehlichen Drang haben, jüngere Menschen unter die Haube zu bringen. Eine solche Dame hatte entdeckt, dass ich, der ich damals im hoffnungsvollen Alter war, noch nicht verheiratet war. Sie hatte selbstverständlich eine passende Frau für mich parat. Ich kann mich nicht erinnern, welche Fülle von Vorzügen im Einzelnen sie an ihr zu preisen wusste. Aber offenbar war ich zu wenig beeindruckt, und so fuhr sie ihr schwerstes Geschütz auf: Die junge Frau kommt aus einem guten Stall. Wenn die Familie stimmt, dann stimmt sie ja wohl auch. Bei mir aber half nicht einmal das, weil ich nicht glaubte, dass der Stall, die Familie, schon den Menschen ausmacht.

Anstandsregeln waren früher der sichere Rahmen für das Leben, heute soll stattdessen die Bürokratie alles regeln, selbstverständlich gestützt auf zuverlässige Qualitätskontrollen, die objektiv messen können, wie glücklich wir uns jetzt fühlen oder zu fühlen haben. Die Ebene des Schicksals, das immer individuell ist, bleibt hier unberücksichtigt. Ist das vielleicht der Grund, weshalb uns das Leben oft so trostlos und unmenschlich erscheint? Denn wir selbst sind ja nicht angesprochen durch das bürokratisch bestimmte Leben.

Wo also beginnt Schicksal zwischen uns? Oft in ungewöhnlichen Situationen, wenn nicht mehr Regeln, sondern der ganz persönliche Einsatz gelten. Ein Lehrer ist im Gespräch mit einem Elternpaar und dessen Sohn, der zum vierten Mal wegen untragbaren Verhaltens von der Schule verwiesen worden war. Ja, das Verhalten war wirklich untragbar gewesen, aber nun bitten die Eltern um einen Platz in der fünften Schule. – Gut, ich nehme ihn auf, mir ist zwar fraglich, wie das gehen wird, aber eines sage ich vorweg: Aus meiner Schule wird der Junge nicht herausgeworfen. Das hat der Junge sehr genau gehört, und er hat nach allen Regeln der Kunst getestet, ob der Lehrer Wort hielt. Und der hielt. Das hat den Jungen von Grund auf gewandelt. Er hat erfahren, dass nicht ein braver Junge gefragt war, sondern er selbst. Er selbst, der er war. Das Ja zu ihm hat denjenigen in ihm geweckt, der er eigentlich sein will.

Feste Regeln sind gut im Straßenverkehr. Das Kind, das

in das Leben hineinwachsen will, braucht nicht Regeln, sondern Erwartungen, ganz persönliche Erwartungen. Das Kind will nicht Normen erfüllen, sondern es sucht sein ganz eigenes künftiges Leben. Es will nicht derjenige sein, den Eltern und Lehrer sich gerne vorstellen, es will derjenige werden, der schon in ihm ruht und wartet. Die persönliche Erwartung lässt das Kind hineinwachsen in die Ebene des Schicksals. Das Kind braucht Menschen, die an das Kind glauben, wie der erwähnte Lehrer. Kinder brauchen einen Glauben beim Erzieher, der nicht zu erschüttern ist. Was der Lehrer bei dem ersten Gespräch mit Eltern und Kind hatte, war zunächst eine Hoffnung, nicht eine vage, sondern eine sehr konkrete Hoffnung. Und die verdichtete sich in der Prüfung durch das Leben zum Glauben an das Kind, nicht zu einem blinden, sondern zu einem sehenden Glauben. Weil der Junge erlebte, dass er selbst, dass sein Ich gesucht wurde, fand er die Kraft, der zu werden, der er sein wollte. Das unechte Selbstverständnis des Störenfrieds fiel von ihm ab.

Schicksal zwischen uns beginnt, wenn wir erwachen für den, der der andere ist, im Verborgenen schon ist. Da haben wir vielleicht schon lange zusammengelebt als gute Nachbarn, aber wir hatten noch nicht entdeckt, wer der andere ist. Und dafür werden wir in einem Augenblick, vielleicht plötzlich, wach. In einer unerwarteten, schwierigen Lebenssituation entdecken wir erstaunt, was in dem anderen darinsteckt. Das hätten wir ihm gar nicht zugetraut. Wie oft erscheinen uns Menschen in Trauer um einen Verstorbenen bedeutender, als sie sich im Alltag bisher gezeigt haben. In dem Augenblick, in dem ich entdecke, wer der andere ist, in dem ich nicht nur sehe, was er tut, ändert sich auch sogleich unsere Beziehung. Wir werden unmittelbar zueinander, es steht nicht mehr eine Verhaltensregel zwischen uns, die bestimmt, was zu geschehen hat. In dem Augenblick, in dem wir uns gegenseitig entdecken, beginnt eine neue Wirklichkeit: das Schicksal.

Das kann geschehen, nachdem wir Jahrzehnte aneinander vorbeigelebt haben, das kann geschehen, wenn wir uns zum ersten Mal begegnen. Der Lehrer, von dem hier die Rede war, wusste zu Beginn des Gesprächs noch nicht, wer der gescheiterte Schüler ist. Er war sich nur in einem sicher: Er ist nicht derjenige, als der er sich in den bisherigen Schulen gezeigt hat. Aber wer dann? Das wissen wir erst, wenn er nicht mehr sein gewohntes Verhalten zeigt, das ihm inzwischen eine Art Stütze oder Krücke geworden war, sondern wenn er *sich* zeigt. Wer *sich* zeigt, macht sich verwundbar, und deshalb haben wir oft eine gewisse Scheu vor der Offenheit, vor der Unmittelbarkeit zueinander. Denn wer offen ist, liefert sich aus. Das ist gut zu verkraften, wenn der andere sich auch ausliefert.

Und wenn er das nicht tut? Wenn ich nackt dastehe und der andere behält die Rüstung seines konventionellen Verhaltens an?

Der Lehrer hatte sich entblößt. Er hätte den gescheiterten Schüler überhaupt nicht aufnehmen müssen. Er war auch ohne diesen Schüler voll beschäftigt. Er tat mehr, als man von ihm billigerweise verlangen konnte. Und außerdem verzichtete er durch sein Versprechen noch auf ein Machtmittel, das die Schulordnung ihm zugestand. Er ließ sich auf ein Risiko ohne Rückzugsmöglichkeit ein. Der Schüler zunächst nicht. Er blieb reserviert und stellte den Lehrer auf die Probe. Gekonnt. Doch der Lehrer hielt zu dem Schüler, der sich selbst noch gar nicht zeigte, der sich selbst noch gar nicht gefunden hatte. In dem Augenblick, in dem er sich traute, die Rüstung abzulegen, und den zeigte, der er war, leuchtete Schicksal auf. Und das will gelebt werden, oft durch mehrere Erdenleben – bis es erfüllt ist.

Nicht zu allen Menschen suchen wir eine schicksalhafte Beziehung. Wenn auf meinen langen Vortragsreisen der Schaffner im Zug kam, interessierte er sich im Allgemeinen gar nicht für mich, sondern nur für meine Fahrkarte. Und ich dafür, bald in meinem Buch weiterlesen zu können. Im Hotel ließ ich mich dann gerne mit einem freundlichen Lächeln begrüßen und wollte rasch in mein Zimmer kommen. Doch dieses Mal werde ich an der Rezeption gleich mit Namen angeredet. Die nette Dame erinnert sich an mich vom letzten Mal. Das genügt, um aufzumerken. Wir verlassen die Ebene der Konvention, denn ich bin wahrgenommen. Wie schnell und wie einfach kann sich manchmal die Schicksalsebene eröffnen. Wenn wir das wollen.

Eines Morgens wache ich aus einem intensiven Traum auf, in dem ein bestimmter Mensch die zentrale Rolle gespielt hatte. Aber diesen Menschen kenne ich doch gar nicht! Das ist doch wohl kaum möglich, so lebhaft, so genau von einem Menschen zu träumen, den man gar nicht kennt? An diesem Morgen hatte ich etwas Zeit und konnte den Traumbildern etwas nachsinnen. Doch, diesem Menschen war ich neulich begegnet, in einer großen Gesellschaft. Ich hatte mich aber einem anderen zugewendet, weil der so interessant erzählte. Mein Gedanken-Mensch war davon angesprochen. Mein Willens-Mensch aber interessierte sich für eben den, von dem ich vor dem Aufwachen heute geträumt habe. Der Willens-Mensch hatte in dieser Gesellschaft nicht zur Geltung kommen können, wohl aber dann im Schlaf, als der Gedanken-Mensch schwieg. Der Willens-Mensch ist es, der merkt, wenn jemand auftaucht, den ich aus einem früheren Leben kenne. Mein Gedanken-Mensch ist meistens auf dasjenige hin orientiert, was ich für heute brauche, was mich im Augenblick interessiert. Der Gefühls-Mensch, der den anderen hübsch oder nett findet, ist recht subjektiv. Der Wille spricht aus einer größeren Tiefe. Und ohne eine Begründung zu geben. Ich begegne dem anderen zum ersten Mal, aber ich weiß: Wir kennen uns. Woher? Weiß ich nicht. Was haben wir gemeinsam erlebt? Weiß ich nicht. Waren wir damals auch gleichaltrig? Auch beide Männer? Weiß ich nicht. Ich weiß nur: Wir kennen uns, wir schauen uns nicht zum ersten Mal in die Augen. Ich bin mir sicher, aber ich kann diese Sicherheit nicht begründen. Das ist charakteristisch für die Sprache des Willens-Menschen.

Wir haben uns gefunden – oder wiedergefunden. Damit sind wir zufrieden. So zeigen sich oft die Schicksalsbeziehungen in jungen Jahren. Wenn Menschen im Alter sich finden, interessiert man sich oft für das Leben, das der andere bisher geführt hat. Erstaunlich, wie er geworden ist. Ich möchte, rückblickend, an einer zeitlichen Dimension dieses Menschen teilhaben. Ich verstehe den anderen besser, wenn ich weiß, wie er sich, Schritt für Schritt, entwickelt hat, ich dringe tiefer in sein Wesen ein. Die Biografie ist das ausgebreitete Bild der Persönlichkeit.

Hier werde ich nicht nur wach für die Ebene des Schicksals, hier blitzt nicht nur ein Wissen um unsere Verbundenheit auf, sondern hier tauche ich in den Strom der Entwicklung ein. Ich sehe nicht nur, was ist, sondern ich verstehe, wie es geworden ist. Das ist eine zweite Reifestufe der Schicksalsbeziehung. Ich bin nicht nur für einen Augenblick berührt von der Wirklichkeit des Schicksals, sondern ich tauche ein in den Strom des Schicksalswirkens. Das Interesse dafür, wie der andere geworden ist, dieses behutsame Abtasten der Entwicklungslinie, das ich heute, vielleicht erst im Alter, entwickle, wird zur Sehnsucht, mit dem anderen elementarer verbunden zu sein. In den Altersfreundschaften bereiten sich oft die Familien des nächsten Lebens vor. Dann kommt man sich nicht mehr nur tastend näher, sondern man lebt aus dem gleichen Blut.

Gleichzeitig werden uns nun die persönlichen Eigenheiten, die wir zunächst übersehen hatten, wichtig, weil sie Ausdruck des Ich sind. Ein junger Mann, ein ausstellungsreifer Melancholiker, hat sich Gedanken darüber gemacht, wie wohl die Frau seines Lebens aussehen werde: vor allem lieb, dunkle Haare, braune Augen, still, vor allem lieb, denn das haben Melancholiker so gern. Nun trifft er eine lebhafte, gesprächige Blondine, blaue Augen, strahlendes Lächeln, eine junge Dame mit Schwung. Das ist die, die ich gesucht habe, seit ich auf der Erde bin! – Was, du willst eine Frau heiraten, die dauernd redet? Das kannst du als Melancholiker sonst nicht ausstehen! – Aber zu dieser Blondine gehört das doch. Bei ihr, nur bei ihr ist das doch nett und wohltuend.

Hier wacht ein Mensch nicht nur für das Ich des anderen auf, sondern auch die seelische Eigenart ist ihm vertraut. Obwohl die in seinen bisherigen Vorstellungskreis gar nicht hineinpasste. Man ist schon mehr zusammengewachsen als auf der ersten Reifestufe der Beziehung, als man einfach nur wusste: Wir kennen uns.

Eine Schicksalsbeziehung kann sich weiter verdichten. Ein englisches Sprichwort sagt: A *friend in need is a friend indeed*. Schlecht übersetzt: Ein Freund in der Not ist ein wirklicher Freund. Etwas besser übersetzt: In unsicheren Zeiten werden sichere Freundschaften geschlossen. Eine Freundschaft kann durch Belastungen, durch Prüfungen hindurchgehen und gestärkt werden. Oder allgemeiner gesagt: Eine Schicksalsbeziehung gewinnt an Substanz, wenn wir wichtige und große Erlebnisse gemeinsam durchmachen, schwere oder schöne. Eine wunderschöne Hochzeitsreise kann für die Haltekraft einer Ehe viel bedeuten. Schwere gemeinsame Erlebnisse in Not und Krieg oder auf der Flucht können eine Beziehung zwischen Menschen intensivieren und belastungsfähiger machen. In ihrer Erzählung *Die Lichtflamme* schildert die schwedische Dichterin Selma Lagerlöf die Vision einer jungen Frau, die die Beziehung zu ihrem Mann als ein strahlendes

Lichtgewebe vor sich sieht. Und jedes Mal, wenn der Mann sie schlecht behandelt, wird ein Stück aus dem Gewebe herausgerissen. Um das Lichtgewebe, ihr gemeinsames Schicksal, zu retten, verlässt sie den Mann. Und da es Selma Lagerlöf ist, die schreibt, gibt es selbstverständlich ein gutes Ende: Der Mann findet auf langen Umwegen zu sich selbst, kehrt in die Heimat zurück, und die beiden finden wieder zueinander.

Auf dieser dritten Stufe werden nicht nur die am Schicksal Beteiligten erlebt, sondern auch deren Beziehung, deren Schicksal wird als eine Wirklichkeit erkannt. Sehr anschaulich: Schicksal ist ein Lichtgewebe, das größer und strahlender werden kann, das aber auch von seiner Substanz verlieren kann. Aus dem Schicksal heraus können wir leben, das Schicksal kann uns tragen, oder wir können an ihm vorbeileben, wir können es zerstören. Es ist Licht, aus der Heimat des Lichtes, aus dem Himmel, auf die Erde versetzt. Schicksal ist nicht, wie das manchmal dargestellt ist, eine Art Konto mit schwarzen und roten Zahlen, die Verdienste und Schulden gegeneinander aufrechnen, sondern Schicksal ist eine geistige Substanz, die den Menschen während des Erdenlebens tragen kann. Vielleicht bis der Mensch aufwacht für den Himmel auf Erden, für die im Schicksal geronnene Liebe der Engel zu den Menschen. Dann wird Schicksal als Lichtgewebe erlebt.

Es gibt eine vierte und letzte Reifestufe des Schicksals: die Beziehung, in der gar nichts mehr gesagt werden muss, in der wir uns mit einem einzigen Blick verstehen. Zwei Menschen haben sich in jungen Jahren gefunden, sie haben sich auf Anhieb verstanden, sie haben geheiratet und eine Ehe geführt, von der andere nur träumen könnten. Er hatte eine gute Stellung in der Industrie, sie war mit Leib und Seele Ehefrau, Mutter, Hausfrau gewesen. Nun gehen die Kinder aus dem Haus. Die beiden verstehen sich nach wie vor hervorragend, aber sie haben sich eigentlich nichts mehr zu sagen, man hat sich über alles schon verständigt. Eine bilderbuchreife Ehe droht an Langeweile zugrunde zu gehen. Denn ihr Schicksal ist erfüllt. Beide haben aneinander gelernt, was sie lernen konnten. Damit ist Schicksal an seinem Zielpunkt angekommen. Soll man sich trennen, weil man sich nichts mehr zu sagen hat?

Da kommen die beiden auf eine glänzende Idee. Der Mann gibt seine gute Stellung in der Industrie auf, die Frau wird wieder berufstätig. Beide finden eine Arbeit im sozialen Bereich, die für sie beide neu ist. Beide können in diese Arbeit einbringen, was sie bisher geleistet haben, und beide müssen oder dürfen an den neuen Aufgaben etwas ganz Neues lernen. Beide entdecken auch aneinander etwas Neues, was sie noch nicht kannten, weil es das noch nicht gab. Beide machen sich wieder auf den Weg, gemeinsam. Das gibt ihrer reifen, schon über-reifen Beziehung wieder Jugendfrische.

Schicksal ist nicht zwingend festgelegt, sondern ist der Kunstgriff der Engel, uns zu uns selbst zu führen. Uns begegnen nicht andere Menschen, weil eine alte Rechnung zu begleichen ist, sondern weil wir aneinander lernen können. Schicksal ist nicht nur aus der Vergangenheit bestimmt, sondern vor allem auf die Zukunft hin orientiert, auf das Ziel, ganz wir selbst zu werden. Das können wir nicht durch den Ausgleich von Schuld aus der Vergangenheit lernen, sondern indem wir aufwachen an der Welt, für die Welt, durch die Beziehung zu anderen Menschen, die auch auf dem Wege zu sich selbst sind.

Wir brauchen oft mehrere Erdenleben, um an diesem einen Menschen zu lernen, was an ihm zu lernen ist. Je vielfältiger solche Beziehungen, desto umfassender das, was wir lernen. Desto mehr wachsen wir in die Menschheit als Ganze hinein.

Der Ernst
und die Stille
und der Friede
des Todes

Im Tod, wenn er zur rechten Zeit kommt, bin ich nicht nur erwartet, ich bin auch beurteilt.

Als wir den alten, großen Bauernhof in Finnland besuchten, wurde uns ein Haus in der Mitte des Hofes gezeigt, das kleinste Haus, das Sterbehaus. Es wird sonst nicht genutzt, nur zum Sterben. Wenn Großmutter oder Großvater spüren, dass es nun zu Ende geht – und das spürt man ja wohl, wenn man recht gelebt hat –, dann verabschiedeten sie sich von allen Menschen auf dem Hof und gingen ihren letzten Weg. Allein. Denn was jetzt der Mensch zu durchleben hat, das versteht doch wohl nur der, für den es an der Zeit ist. Und wer im Leben gereift ist, der wird wohl auch den letzten Schritt gehen können. Allein. Selbstverständlich schauten die Angehörigen nicht nach, ob noch … Nein, wer mit dem Sterbenden verbunden ist, der wird ja wohl genau spüren: jetzt –

Wer auf dem Hof lebte, dessen Blick fiel ja mehrmals am Tag auf dieses Haus. Ja, hier ist meine Großmutter gestorben. Hier wird meine Mutter sterben, wahrscheinlich bald. Und hier, wenn es an der Zeit ist, werde auch ich … Der Tod war immer dabei, er gehörte zum Leben hinzu, er war nicht ein Jenseits für die Lebenden. Der Tod war immer nahe, und doch verhüllte er sein Antlitz, bis er ganz persönlich mich meinte. Dem Tod zu begegnen, das war auf jenem Bauernhof die Angelegenheit des Einzelnen, für den es an der Zeit war. Diese Begegnung mit dem Tod, Auge in Auge, das war für alle anderen in Schweigen verhüllt. In einem Schweigen, das deutlich sprach. Denn jeder auf dem Hof wusste: Heute Mittag hat die Großmutter die Tür zum Sterbehaus hinter sich geschlossen. Und wenn wir die Tür wieder öffnen, dann gehört Großmutter schon zu unseren Ahnen, die vom Himmel her Segen bringen für die Nachkommen.

Nicht überall hat man, wie auf jenem finnischen Bauernhof, den Tod verstanden als das Geheimnis derjenigen, die die Erde zurücklassen. Wie wichtig war es vielen Menschen, noch rechtzeitig an das Sterbelager zu kommen – um von dem, der geht, den letzten Segen zu empfangen. Denn dieser letzte Segen kommt schon aus der Welt jenseits der Todesschwelle, der hat himmlische Kraft. Der Vater, der im Laufe der Jahrzehnte auch manchmal ein strenges Wort gesprochen hat, wird nun zum Quell der reinen Güte, die mir neue Kraft zum Leben gibt, die auch Wunden an der Seele heilen kann, die auch Menschen wieder versöhnen kann. Es ist schon etwas Besonderes, wenn die Verbindung zwischen zwei jungen Menschen begleitet wird von dem Segen eines Sterbenden oder eines Verstorbenen.

Die Menschen auf jenem finnischen Bauernhof empfanden wohl, dass die Begegnung mit dem Tod vom Menschen verlangt, ernst zu werden, still zu werden. Und das werden wir wohl, wenn der Tod auf uns zukommt. Aber vielleicht werden wir als Angehörige es auch, wenn der Sterbende uns dabei hilft.

Wie es manchem Kind gelingt, in der Mutter oder im Vater Fantasie und Humor zu wecken, damit sie nicht nur biologisch, sondern auch innerlich Mutter und Vater werden, so gelingt es vielleicht dem Sterbenden, in uns den Ernst wachsen zu lassen und beim Besuch am Sterbelager abzuspüren, ob und wie der Sterbende über sich selbst sprechen will, über den Tod, über das, was dann kommt. Der Sterbende fragt oft nicht mehr mit Worten, sondern nur noch mit dem Blick, der verstanden werden will. Und er fragt nicht nach dem, was ich weiß, sondern was ich glaube. Vielleicht will der Sterbende von einem vertrauten Menschen ausgesprochen hören, was er längst weiß. Aber es geht ja gar nicht um *etwas*, es geht um *mich*, der ich einen inneren Halt brauche an der Schwelle des Todes. Jetzt kann recht offen gesprochen werden, wenn wir ehrlich *uns* zeigen. Oft suchen auch sterbende Kinder das Gespräch über den Tod mit einem geliebten Erwachsenen. Und sterbende Kinder wissen oft noch, woher sie kommen und wohin sie gehen, aber sie wollen es noch einmal ausgesprochen hören, einfach und ehrlich.

Was ist der Tod? Aus der Ferne sagen wir oft: Er ist das Ende des Lebens, das Ende meiner selbst. Bis zum Tod bin ich – und dann? Dann bin ich doch wohl nicht mehr der, der ich jetzt bin. Deshalb ist für viele Menschen das Leben nach dem Tod irreal. Deshalb weichen sie dem Thema aus. Wer den Weg auf die Todesschwelle hin mit wachem Bewusstsein begleiten kann, macht jedoch die Erfahrung, dass ihm von der anderen Seite der Todesschwelle etwas entgegenkommt: eine Erwartung und ein Urteil. Vielleicht schon längere Zeit vor dem Tod fühlt er die Nähe von einzelnen ihm nahestehenden Verstorbenen. Er hört sich vielleicht gerufen, mit der Stimme der Mutter. Ihm erscheint vielleicht eine Lichtgestalt, die ihre Arme ausbreitet … Ich gehe nicht in ein Dunkel, in eine Leere. Ich gehe in das Licht. Diese Erfahrungen, wenn der Sterbende sie zulässt, können ihm helfen loszulassen, den Leib abzustreifen und den Schritt über den Abgrund zu wagen.

Im Tod, wenn er zur rechten Zeit kommt, bin ich nicht nur erwartet, ich bin auch beurteilt. Nicht über die eine oder andere Handlung während des Lebens wird geurteilt, sondern über mich, der ich war. Das Urteil kann als deutliches und klares Gefühl erlebt werden, als ein Ja zu dem gelebten Leben. Ich habe Fehler gemacht, und aus den Fehlern habe ich gelernt. Ich kann zu dem stehen, was war. Das Leben ist nun erfüllt. Dieses Gefühl kann sich verdichten zu einem Bild: Eine fremde Gestalt erscheint dem Sterbenden, mit unbeweglichen Gesichtszügen und Gliedern, alterslos. Nur eines fällt aus diesem Eindruck des Fremden, Unnahbaren heraus: der Blick. Dieser Blick sieht mich so, wie ich selber mich sehe, wenn ich ganz ehrlich mir gegenüber bin. Merkwürdig: Dieser Fremde ist mir nahe, der bin *ich* selbst. Ich bin es, der jetzt auf mich hinschaut, wie mein *Ich* jede Nacht mich gesehen hat. Doch an das, was im Tiefschlaf geschieht, kann ich mich kaum erinnern. Jetzt, an der Todesschwelle tritt dieses verborgene Nacht-Erleben in den Raum des erwachten Bewusstseins. Und wir empfinden: Dieses Urteil gilt. Nun aber haben wir nicht mehr einen nächsten Tag vor uns, an dem wir uns noch einmal verändern können. Der Tod spricht sein ernstes Wort: So warst du.

Das Urteil des *Ich*, das am Tage oft schweigt und auf die Nacht wartet, ist ernst, aber nicht hart. Es ist erstaunlich positiv. Dieses Urteil kündigt nicht ein nachtodliches Strafgericht an. Der Mensch, der sich dem Himmel wieder zuwendet, braucht ein stärkendes, nicht ein niederschmetterndes Urteil: Die Schwachstellen in unserem Leben zu sehen und anzuerkennen, braucht vielmehr ein feines, ein stilles und beschämtes Gefühl dafür, wie viele gute Möglichkeiten im Leben wir nicht genutzt haben. Im Tode sind wir mit Liebe empfangen, nicht mit Vorwürfen. Und nur dieser Liebe verdanken wir es, dass wir allmählich menschliche Menschen werden können. Welcher Missgriff, dass man durch Jahrhunderte immer wieder von einem furchtbaren Strafgericht nach dem Tode gesprochen hat. Gott leidet unter unseren Fehlern, aber er straft uns nicht.

Der Tod hat ein ernstes Antlitz, und dieser Ernst führt uns als Sterbende zu uns selbst. Der Tod ist streng und unerbittlich. Im Tod ist unsere Zeit abgelaufen, unwiderruflich. Und wenn wir uns noch nicht auf den Tod einstellen können oder wollen, erscheint uns der Tod als hart. Aber das liegt nicht am Tod, sondern an uns. Der Tod ist ernst, und hinter dem Ernst verbirgt sich seine Liebe zu uns. Er will, dass wir sterbend zu uns selbst erwachen. Der Tod ist nicht *etwas*, was eintritt, er ist nicht ein Ereignis, der Tod ist *jemand*, er ist ein hoher Engel, der weiß, wer wir eigentlich sein wollen, der die in uns schlummernde Menschlichkeit sieht und zur Entfaltung bringen will. Der Tod ist nicht der Knochenmann, der die Fackel des Lebens auslöscht: Das ist die Illusion eines materialistischen Zeitalters. Der Tod ist nicht eine Grenze, eigentlich auch nicht eine Schwelle, über die wir zu steigen haben. Der Tod ist das Tor zu einer Welt, in der wir zu Hause sind, in der wir erwartet sind. Er ist das Tor, das sich öffnet, wenn es an der Zeit ist.

Wenn der Tod naht und unser Herz wach ist für diese Nähe, dann ist es berührt von diesem Ernst. Das spüren vielleicht auch die Angehörigen und haben den Eindruck, der Sterbende sei bedeutender, als er es im Alltag war. Im Ernst des Todes leuchtet noch einmal auf, wer wir im Erdenleben waren. Deshalb ist es so wichtig zu wissen, wie ein Mensch gestorben ist. Deshalb braucht der Mensch *seinen* Tod, der Bild des Menschen ist, ein Bild, das stimmt.

Er lag schon seit drei Wochen im Sterben. Zeitweise war er so weit von seinem Leib gelöst, dass man sich fragte: War das schon der letzte Atemzug? Zeitweise wieder war er ganz wach und hatte ausgeprägte Wünsche, was die Betreuung betrifft. Dann sprach er mit klarer und sicherer Stimme, vielleicht sogar mit Humor. Nun aber ging es wohl doch dem Tode entgegen. Er nahm kaum mehr Notiz von der Pflege, er ließ sich füttern, aber äußerte von sich aus nicht mehr den Wunsch nach Nahrung. In der letzten Nacht ruderte er oft mit beiden Armen, als ob er in ein Meer hinausschwimmen wollte. Am Morgen, nach der Pflege, fasste er mit der rechten Hand nach dem linken Handgelenk und streifte die Armbanduhr ab, als ob er sagen wollte: Die Zeit ist abgelaufen, keine Termine mehr. Solche symbolischen Handlungen sind bei Sterbenden nicht selten. Sterbende sagen oft nicht mehr mit Worten, was sie über sich selbst mitteilen wollen, sie können vielleicht auch gar nicht mehr sprechen. Und merkwürdig: Solche symbolischen Handlungen werden oft von den Angehörigen wahrgenommen, in ihrer Bedeutung aber erst nach dem Tod recht verstanden. So auch hier. Die Uhr wurde auf den Tisch gelegt, damit sie nicht herunterfällt. Und nach dem Tod fiel dann der Blick auf die Uhr. Ach so, die Zeit ist abgelaufen ...

Nun lag er ganz ruhig, atmete kaum hörbar. War nicht mehr der irdischen Welt zugewandt, aber vollzog auch noch nicht den Schritt in die andere Richtung. Will er gehen? Oder will er den Blick noch einmal auf die Erde richten, auf den beginnenden Frühling? Ich spreche ihn mit Namen an. Er hört. Er öffnet die Augen und blickt mich an; er blickt mir in die Augen, ruhig und klar. Doch dieser Blick ist nicht, wie wir das gewohnt sind, ein Austausch zwischen Ich und Du, sondern dieser Blick spricht aus einer anderen Welt zu mir. Nicht der Sterbende sagt etwas, sondern durch ihn spricht die Welt, in die er schon eingetreten ist, während er noch ruhig atmet. Es ist nicht ein Jenseits, aus dem dieser Blick kommt, es ist der Urgrund unseres Lebens. Der Sterbende geht nicht weg in eine unerreichbare Ferne, sondern er taucht ein in die Tiefe – die immer da ist, die, schweigend, unser Leben trägt. Der Sterbende geht nicht weg, sondern er geht nach Hause, er geht zu sich selbst.

Und auf diesen Weg nimmt er gerne bestimmte Eindrücke mit. Er schaut den einen oder anderen Menschen noch einmal intensiv an. Keineswegs werden Alte oder

Sterbende flüchtig in ihren Sinneseindrücken und keineswegs entschwebt die Seele nach oben, sondern oft sind bestimmte einzelne Sinneseindrücke vor dem Tod besonders intensiv. Dass ich ja nicht vergesse, wie die Erde aussieht! Und in diese innigen Sinneseindrücke taucht die Seele ein, verlässt den Leib durch die Sinne und strömt in den Lebensorganismus der Erde ein.

Dieser sterbende alte Mann nahm nicht nur Abschied, ging nicht nur seinen Weg, sondern in seinem letzten Blick sprach er von der Welt, in die er sich nun einlebte. Dieser letzte Blick, diese vielleicht zwei Sekunden haben mir über den Tod und vor allem über das Leben nach dem Tod mehr gesagt, als ich in dicken Büchern lesen kann. Denn dieser Blick sprach nicht *über* das Leben nach dem Tod, er sprach *aus* ihm. Vor allem hat mir dieser Blick gesagt, dass die Welt der Toten uns viel näher ist, als wir oft meinen. Der Tod ist die Welt, in der unser Leben still wird. Hoffentlich haben wir genug, was still werden kann. Was oberflächlich ist, was keine Tiefe hat, das kann auch nicht still werden. Der Tod, wenn er naht, zeigt seinen Ernst, er richtet seinen mahnenden Blick auf den Erden-Menschen, der noch auf seinen Füßen steht. Wenn der Tod uns umfängt, zeigt er sein intimeres Wesen, die Stille. Ich kann den Sterbenden in dem Maße begleiten, in dem ich still, in dem ich wesentlich werden kann.

In unserem Wohnhaus für alte Menschen haben wir einen Aufbahrungsraum. Dieser Raum wartet auf uns. In diesem Raum haben schon mein Vater, dann meine Mutter, dort haben viele vertraute Menschen gelegen. Nun wartet dieser Raum wohl auch auf mich. Für mich ist dieser Raum vor allem ein Raum der Stille. Seine Außentür eröffnet den Weg zunächst in einen Vorraum. Wenn ich aus dem Korridor, aus meinem Alltag, komme, habe ich hier die Gelegenheit, das abzustreifen, was nicht still werden kann und was nicht in den Aufbahrungsraum hineinpasst. Dann öffne ich die Tür zum eigentlichen Aufbahrungsraum. Wie dieser Raum sich doch wandelt, je nachdem, wer in ihm liegt! Jeder Tote erfüllt diesen Raum mit seiner ganz eigenen Stimmung. Und die will ich zunächst abspüren, denn in ihr zeigt sich die Wirklichkeit des Toten. Dann erst schaue ich auf das Totenantlitz, das so verschiedenartig sprechen kann.

Am Morgen hatte ich gehört, dass ein alter Bekannter gestorben war. Als ich am Nachmittag endlich zum Aufbahrungsraum gehen konnte, fand ich die Männer vom Bestattungsinstitut noch vor, sie waren fast fertig, der Sarg stand am Rande, wie ein abgestelltes Möbelstück. Der Sarg wurde nun in den Katafalk hineingeschoben, die Männer gingen, und ich war mit dem Toten allein. Noch nie hatte ich zuvor erlebt, dass ein Toter so Stück für Stück in den Raum hinein sich ausbreitet, ihn zu seinem Raum macht. Es war wie mit Händen zu greifen: bis hier, jetzt bis hier, bis schließlich der ganze Aufbahrungsraum sein Raum geworden war. Der Tote geht nicht weg, das war hier deutlich zu spüren, er wird ganz gegenwärtig. Jetzt bin ich in seinem Raum, ich bin bei ihm zu Gast. Wenn ich bei einem Toten sitze, habe ich nicht das Bedürfnis, an dies oder jenes zu denken, was wir gemeinsam erlebt haben, ich denke aber gerne an unsere Verbundenheit. Die Vielfalt der Erinnerungen konzentriert sich auf das Wesentliche dieser Freundschaft, auf das, was zwischen Ich und Du spielt. In dieser Konzentration auf das Wesentliche wird das Leben still.

Die Stille in mir öffnet den Blick auf das, was das Totenantlitz sagen will. Wie verschieden klingt doch diese Sprache! Vielleicht sieht dieser Tote so aus, wie er im Leben war, und ich bin im Zweifel, ob er tot ist oder ob er nur sehr tief schläft. Oder er ist ganz unähnlich dem Bild aus dem Leben, und ich bin im Zweifel: Ist er es? Oder gar nicht selten: Eine verstorbene Frau hat ganz männliche Gesichtszüge und ein Mann ganz weibliche. Und wie unterschiedlich ist oft das Bild frontal und im Profil.

Was spricht das Totenantlitz aus? Manchmal ganz überpersönlich die Erhabenheit dessen, was er jetzt erlebt: das wunderbare Bild des ganzen gelebten Lebens, ein umfassendes Panorama. Dann lässt der Tote den Besucher teilhaben an seiner nachtodlichen Welt. Manchmal spiegeln sich Glück und Leid des Lebens in einem Totenantlitz. Ich komme an den Sarg einer alten Frau, die ich während der letzten Lebensjahre immer wieder gesehen habe. Sie war gar nicht mehr ansprechbar, antwortete nicht auf die Begrüßung. Ich trete von der einen Seite an den Sarg heran und erschrecke: ein Gesichtsausdruck wie bei einem schmerzhaften Aufschrei. Ich gehe um den Sarg herum: von der anderen Seite ein jugendlich schönes Antlitz. Zwei grundverschiedene Aussagen, sie selbst ist beides. Sie litt unter ihrem Zustand und löste sich, erhob sich beschwingt über die irdische Welt. Beides, und diese Wirklichkeit wird im Tode offenbar.

Oft spricht das Totenantlitz vom früheren Schicksal des Verstorbenen. Schon bald nachdem ich gelernt hatte, auf die Sprache des Totenantlitzes zu lauschen, bemerkte ich den Unterschied des frontalen Bildes und des Bildes im Profil. Wenn ich schon zu Lebzeiten ein Gefühl gehabt hatte dafür, aus welchem Schicksalskreis dieser Mensch kommt, so sprach der frontale Anblick von demjenigen früheren Erdenleben, das bestimmend in das heutige hineinwirkt. Und das Profil zeigte ein anderes Leben, das leiser in das heutige Leben hineinwirkt. Ich trete an den Sarg eines Menschen, dessen Herkunft aus einer großen

alten Kultur, aus einer innigen Naturweisheit mit religi-
öser Substanz mir deutlich war. Im Sarg liegt ein Weiser,
sicher und souverän, ein Meister. Wenige Schritte, und
ich sehe das Totenantlitz im Profil: das Gesicht einer Frau,
vielleicht in der Lebensmitte, ein suchender, wohl etwas
unglücklich suchender Gesichtsausdruck. Ein Motiv,
das mir so an diesem Menschen während des Lebens
nie aufgefallen war. Allmählich beginnen die Totenant-
litze für mich etwas auszusprechen, was mir neu ist. Im
Aufbahrungsraum liegt eine Frau, die in höherem Alter
verstorben ist. Ich hatte sie durch Jahrzehnte schätzen
gelernt wegen ihrer zuverlässigen, guten Arbeit, aber ich
hatte nie nach ihrem Schicksalshintergrund gefragt. Nun
liegt sie im Sarg, ein männliches Gesicht mit klar und entschieden geformten Gesichtszügen, ein Ritter, nicht eine
kämpferische Natur, sondern einem höheren Auftrag verpflichtet, offenbar ein Ordensritter. Ach so, deshalb ihre
zuverlässige Arbeit heute.

«Hier ruht in Frieden …». Wenn wir diese Worte auf einen
Grabstein schreiben, so sprechen sie vielleicht auch von
einer Sehnsucht der Hinterbliebenen: Unsere Großmut-
ter, unser Großvater haben ein Leben lang hart gearbeitet.
Nun dürfen sie, wohlverdient, von der Anstrengung des
Lebens ausruhen. Ich habe mir diese Ruhe erst noch zu

verdienen, aber dann werde auch ich … Den Himmel als eine Stätte der Untätigkeit vorzustellen, das ist eine Illusion im materialistischen Zeitalter. Nein, wenn es irgendwo einen Platz der Untätigkeit, des Ausspannens gibt, dann auf dem Sofa in meinem Wohnzimmer. Der Himmel ist eine Stätte beschwingter Tätigkeit, ohne die Last der irdischen Gewichte, sobald wir die nach dem Tode abgelegt haben. Ein wenig von dieser himmlischen Beschwingtheit haben die Kinder sich noch bewahrt, wenn sie spielen und spielen, ohne zu ermüden. Deshalb verstehen Philister nicht den Sinn des Spielens. Denn das Spiel hat seinen Sinn in sich, wie die beschwingte Tätigkeit im Himmel. Im Spiel wird das Kind es selbst, im Himmel der lebensreife Mensch.

«Hier ruht in Frieden …». Hat der Friede seinen Quell im Himmel? Vom Frieden spricht die Weihnachtsbotschaft der Engel, vom Frieden auf Erden. Und im Himmel? Da künden die Engel vom Licht, in dem das Wesen Gottes sich offenbart. Die Chinesen verwenden gerne ein Wort, das beschreibt, was im Himmel zu finden ist: Harmonie. Wenn man in der alten chinesischen Kultur das Ideal des sozialen Lebens schilderte, sprach man auch von Harmonie. Kultur auf Erden, jedenfalls chinesische Kultur, ist ein Abglanz des Himmels.

Wo nun ist der Quell des Friedens auf Erden? Als die

Führerin der burmesischen Demokratiebewegung, Aung San Suu Kyi, einmal nicht in Hausarrest war, fragte ein Reporter sie, ob sie bereit sei, wenigstens mit einigen der Generäle, den Diktatoren des Landes, zusammenzuarbeiten. Mit den Generälen, die auf den Ruf der Studenten nach Freiheit mit Maschinengewehren geantwortet hatten, die verwundete Demonstranten in den Klinikbetten erschießen ließen, die weiterhin foltern? Ja, sie sei bereit, sagte Aung San Suu Kyi, denn sie unterscheide den Täter und die Tat. Es ist nicht möglich, die Taten zu beschönigen, aber der Täter kann über seine innere Haltung während der schlechten Handlung hinauswachsen. Und dazu braucht er Menschen, die *ihn* sehen, ohne Beziehung zur Tat. Doch diese Lösung des Menschen von seiner Tat setzt etwas voraus: dass ehrlich gesagt wird, was geschehen ist. Dann kann man neu beginnen, nur dann. Wenn diese beiden Schritte gegangen werden, die Ehrlichkeit gegenüber dem Gestern und der Wille zum anderen Menschen für morgen, dann entsteht der Friede auf Erden. Aung San Suu Kyi hat ihren Friedensnobelpreis nicht nur durch das verdient, was sie getan hat, sondern auch durch ihre Friedensweisheit, die aus dem Leid am Leben geboren ist.

Viele Sterbende haben den Wunsch, vor einem vertrauten Menschen noch auszusprechen, was sie belastet. Damit wird nichts ungeschehen gemacht, aber hoffentlich kommt dann der Sterbende zum Frieden mit sich selbst. Ich habe es ausgesprochen, ich bin erleichtert. Den Frieden bringt nicht erst der Himmel, sondern schon der Tod, wenn wir seinem Wink folgen und ins Reine kommen mit uns selbst. Friede auf Erden für die Menschen auf Erden, die ehrlich sind gegenüber ihrer Vergangenheit und die den Mut haben, mit sich und mit anderen neu zu beginnen.

«Hier ruht in Frieden ...». Hier liegt, der dem ernsten Blick des Todes begegnet ist, der unter diesem ernsten Blick den letzten Schritt auf seinem Wege gegangen ist, den Schritt zu sich selbst; hier liegt, dessen Leben still geworden ist, still werden konnte, und der nun auf seinem weiteren Weg den Frieden aus dem Erdenleben mitnehmen kann.

Wenn Tote uns nahe kommen – vielleicht zu nahe

Jeder Mensch trägt einen Lebensbogen in sich, der sich an einem bestimmten Zeitpunkt dem Ende zuneigen möchte.

Ein Mann war bis in sein hohes Alter mit einem größeren Menschenkreis verbunden gewesen, hatte sich für viele Menschen verantwortlich gefühlt, die sich vertrauensvoll an ihn wandten. Und er war bis zuletzt auch für die kulturgeschichtlichen Themen seiner Zeit interessiert. Er war ein engagierter Zeitgenosse. Ich hatte erwartet und gehofft, dass dieser Mensch sich auch nach dem Tode intensiv dem zuwenden würde, was in seinem bisherigen Lebenskreis geschah.

Doch schon wenn man an den Sarg trat, war der Tote mit seinem schönen, friedlichen Gesicht durchaus gegenwärtig, aber man hatte den Eindruck, dass der Blick schon in eine weite Ferne ging. Es war einige Zeit nach dem Tod an einem Ort, an dem der Tote öfters und gern gewesen war, und es herrschte gerade eine gute und feierliche Stimmung. Plötzlich erschien das Bild des Toten, nicht die ganze Gestalt, sondern nur der Kopf mit Schulterpartie, während schon die Brustregion nur verschwommen zu erkennen war. Es ist nicht selten, dass ein Toter sich in dieser Weise zeigt. Das Eindrucksvolle an der Erscheinung war der Blick des Toten, der etwas nach oben und in die Ferne gerichtet war – als ob er in die Weite der Engelwelt schaute. Staunende Bewunderung und Andacht lagen in diesem Blick. Nahe bei ihm erschien das Bild eines anderen

Verstorbenen, mit dem der erste nahe verbunden war und der wenig früher verstorben war. Auch dieser zeigte sich nur in der oberen Körperpartie, den Blick aber nach unten gerichtet, etwas ratlos, als ob er nicht oder noch nicht dasjenige verstehen könne, was er da sieht, als ob er sich von seinem gelebten Leben noch nicht lösen könne. Der zweite Verstorbene wirkte wie verstummt, obwohl er auf der Erde ein recht lebhafter Mensch gewesen war.

Ob Tote einsam sind oder ob sie in Harmonie mit ihrer himmlischen Umgebung leben, das wird durch das Erdenleben bestimmt, aber es ist manchmal nicht leicht, das vor dem Tod schon abzuspüren. Allgemein kann man bemerken, dass der Lebenskreis eines Menschen, der auf den Tod zugeht, enger wird. Wie gerne ist man ein wenig spazieren gegangen – nun aber genügt es doch, auf dem Balkon etwas frische Luft zu bekommen oder vielleicht auch nur durch das offene Fenster. Wichtiger ist, von wem der Sterbende immer wieder spricht. Vielleicht gar nicht von allen Familienangehörigen, aber immer wieder von einem bestimmten Menschen im Bekanntenkreis. Ein ehemaliger Berufskollege, mit dem der Sterbende jahrzehntelang zusammengearbeitet hat, möchte Abschied nehmen. «Wer sind Sie? Kennen wir uns?» Ist der Sterbende schon so weit weg oder geistig weggetreten, dass er sich an seinen Kollegen nicht mehr erinnern kann? –

Da aber ist die Nichte von auswärts gekommen, um den Sterbenden zu pflegen. Und der Sterbende hat genau gegenwärtig, dass die Nichte zwei Kinder hat, die jetzt in der Berufsausbildung stehen und kürzlich geschrieben haben … So ist der Sterbende oft dabei, seinen nachtodlichen Lebenskreis aufzubauen und abzugrenzen. Und wir sind vielleicht Zeugen dieses Vorgangs.

Tote können mit bestimmten Stellen auf der Erde verbunden bleiben. Vielleicht mit dem Grab, aber oft gar nicht. Stattdessen mit Plätzen, an denen sie Wichtiges erlebt haben, vielleicht mit dem Raum, in dem sie verstorben sind. Wenn ich zu Goethes Sterbezimmer komme, spüre ich noch heute die Nähe des Dichters, an seinem Sarg in der Weimarer Fürstengruft gar nicht. Auch mit bestimmten Gegenständen kann der Tote verbunden bleiben. Die Wohnung eines kürzlich Verstorbenen war weitgehend ausgeräumt, nur einige Möbelstücke standen noch dort. Plötzlich erschien der Tote in seinem ehemaligen Arbeitszimmer, stand ruhig und stumm mitten im Raum und wies mit dem Zeigefinger der rechten Hand auf den Schreibtisch. Der Angehörige verstand, dass es etwas gibt, was den Toten beunruhigte. «Es ist alles ausgeräumt und zu deinem Neffen gebracht, wie du gewünscht hattest.» Der Tote blieb unbeweglich stehen und deutete mit dem Zeigefinger unverwandt auf eine bestimmte Stelle am

Schreibtisch. «Alles ausgeräumt.» Wie um den Toten zu überzeugen, zog der Angehörige die Schubladen heraus. Die eine ließ sich schwerer ziehen. Das war es, was den Toten beunruhigte: Diese Schublade hatte Doppelböden, und zwischen denen lag ein recht intimer, Jahrzehnte alter Briefwechsel.

Immer wieder einmal werde ich gefragt, ob ich für den Fall meines Todes dies oder jenes regeln möchte. Möglichst wenig. Dann sollen die entscheiden, die da sind. Aber auf eines lege ich großen Wert: dass viele Menschen, die gerne an mich denken, wenn ich tot bin, diesen Sessel, diesen Teppich, diese Kristallschale bekommen und mich dabei sein lassen, wenn sie mit diesen Dingen umgehen. Ich hätte gerne einen großen Kreis, in dem ich irdisch weiter gegenwärtig bleiben kann. Und meine kleine Sammlung von Buddha-Plastiken würde ich gerne nach dem Tode bei Freunden, aber nicht im Trödlerladen suchen.

Wie lange bleibt ein Toter uns nahe? Eine sehr unterschiedlich lange Zeit. Es gibt Menschen, die nach ihrem Tod sich rasch und leicht von der Erde lösen, als ob sie eine Last abstreifen; es gibt Menschen, die wie gefesselt in der Erdnähe bleiben und vielleicht sogar Hinterbliebene bedrängen. Und es gibt Menschen, die nach dem Tod hilfreich nahe bleiben. Wie gut der Verstorbene sich von der Erde lösen kann, ist weniger durch sein Alter bestimmt, sondern eher dadurch, ob das Leben abgeschlossen und erfüllt war. Es gibt junge Menschen, auch Kinder, die erstaunlich leicht sterben, und es gibt alte Menschen, die es sehr schwer haben mit dem Abschied.

Ob ein Mensch schon auf den Tod zu lebt, ob er sich während des Lebens, ohne dass eine Krankheit erkennbar ist, schon zu lösen beginnt, das wird oft erst nach dem Tod offenbar. Wie oft geschieht es, dass ein Mensch noch Entscheidungen trifft, die für die Zukunft der Familie von großer Bedeutung sind, die zunächst aber übereilt erscheinen, denn wir sind ja noch jung und rüstig. Und erst rückblickend nach dem Tod wird deutlich, warum dieser voll im Leben stehende Mensch den Drang hatte, diese Entscheidung noch zu treffen, ihm selbst gar nicht verständlich – aber erst nach der Regelung dieser Angelegenheit fand er seine Ruhe. Rückblickend wird deutlich, dass ein solches Leben, das scheinbar erst die Mitte erreicht hatte, einen in sich geschlossenen, vollendeten Bogen darstellt. Bewegend kann es sein, auf Zeichnungen von verstorbenen Kindern zwei, drei Jahre zuvor schon Todesmotive zu erkennen, bis hin zu wiederkehrenden schwarzen Kreuzen, die damals niemand beachtet hatte. Selbstverständlich wäre es ein schwerwiegender Missgriff, sich auf einen frühen Tod des Kindes einzustellen, wenn solche Motive auftreten, die auch anders gedeutet werden können.

Besonders deutlich können Träume vom nahenden Tod sprechen. Ein Ehepaar ist auf einer Sommer-Urlaubsreise am Mittelmeer. Die schönste Zeit des Jahres, ja das war sie hier wirklich. Da wachen eines Nachts beide gleichzeitig auf, beide aus dem gleichen Traum. Sie sehen ihre erwachsene Tochter tot auf der Erde liegen. Sie erschrecken, aber ein Anruf zu Hause bestätigt, dass alles gut geht. Drei Tage später kommt die Nachricht: Das Flugzeug, in dem die Tochter saß, ist abgestürzt. Wer sich mit Träumen auskennt, wäre noch mehr beunruhigt, als die Eltern nach ihrem Traum es waren. Zwar kann das Todesmotiv im Traum etwas anderes bedeuten als das Ende des Lebens, es kann Trennung oder Erschöpfung meinen. Aber im Traum sind wir in aller Regel für uns allein, in unserer eigenen Welt, wir träumen fast nie mit anderen zusammen. Wenn beide Eltern gleichzeitig vom Tod ihrer Tochter träumen, so liegt es nahe, an eine Begegnung der drei im Tiefschlaf zu denken, an eine Begegnung, in der die Tochter sich gewissermaßen verabschiedet. Und diese Begegnung spiegelt sich dann im Traum und wird so auch für das Tagesbewusstsein erinnerbar. Vor allem aber zeigt der Traum, dass der frühe Tod im Schicksal lag, auch wenn er uns, von außen gesehen, als so plötzlich erscheint. Die junge Frau hatte doch auf den Tod zu gelebt, auch wenn niemand es bemerkt hat.

Jeder Mensch, so kann man sagen, trägt einen Lebensbogen in sich, der sich an einem bestimmten Zeitpunkt
dem Ende zuneigen möchte. Es gibt Menschen, die diesen vorgesehenen Zeitpunkt kennen, die ihn im Traum
oder auch im Wachbewusstsein erfahren haben. Könnte
dieses Wissen wohl auch eine Täuschung sein? Könnte es
sein, dass ein markantes, vielleicht ein belastetes Datum,
der Autounfall des Vaters, nun als das eigene künftige
Todesdatum missverstanden wird? Echte und irrtümliche
Ahnungen sind nicht immer deutlich zu unterscheiden.
Manchmal aber sind sie doch eindeutig. Eine junge Frau,
Mutter mehrerer kleiner Kinder, hat im Traum ihr Todesdatum vor sich gesehen. Gerne hätte ich ihr nun etwas
Beruhigendes gesagt. «Können Sie sich an die Stimmung
erinnern, unmittelbar nachdem Sie an diesem Morgen
aufgewacht waren?» – «Ja, da war es ganz friedlich. Wie
schön ist es doch, nun das eigene Datum zu kennen.» Da
fiel mir nichts Beruhigendes mehr ein. Das Ja zum eigenen frühen Tod, die friedliche Stimmung, die von diesem
Wissen ausgeht, während die kleinen Kinder noch zu ver-
sorgen sind – das klingt sehr echt. Wenn die Lebenszeit
erfüllt ist, dann fällt es dem Menschen nach dem Tod
oft leichter, sich von der Erde zu lösen; wenn alles das
geschafft ist, was man sich vorgenommen hatte, wenn das
Leben einen Sinn hatte.

Wenn der Tod eintritt, ehe das Leben wirklich ausgelebt, ehe es erfüllt war, so hat der Tote es vielleicht recht schwer, sich von der Erde zu lösen, besonders wenn der Tod gewaltsam war oder gar selbst herbeigeführt wurde. Eine junge Frau war befreundet mit einem jungen Mann, die beiden waren oft zusammen und verstanden sich gut. Da bat der junge Mann seine Freundin um die Ehe. Freundschaft ja, antwortete die Frau, eine nahe Beziehung gerne, aber nicht eine Ehe. Daraufhin nahm der Mann sich das Leben, das sein Ziel nicht hatte erreichen können. Die Frau war erschüttert. Hatte sie falsch gehandelt? Aber kann man denn eine Ehe beginnen, ohne sie wirklich zu wollen? Schon bald spürte sie, dass der Tote in ihrer Nähe blieb, dass er sie nicht losließ. Sie ging die Straße entlang und hörte deutlich seine Schritte neben sich. Das war ihr zu viel, sie kehrte um und ging wieder nach Hause. Als sie die Tür öffnete, stand er im Korridor. – Hier war Hilfe nötig, weil die Frau die Nähe des Toten nicht mehr ertragen konnte.

Dass Tote nicht gehen können oder wollen, dass sie störend oder zerstörend in das Leben von Hinterbliebenen eingreifen, wird heute häufiger oder mindestens bewusster erlebt. Und hier gibt es einen obersten Grundsatz: Wenn Tote das Leben von Erden-Menschen zerstören, fesselt sie das noch mehr an die Erde. Das ist furchtbar für die Lebenden wie auch für die Toten. Das muss also unbedingt verhindert werden. Andererseits brauchen diese Toten es, dass wir an sie denken. Aber nicht irgendwann, wenn der Tote sich aufdrängt, sondern dann, wenn wir es wollen. Gerne, wenn das möglich ist, zur gleichen Stunde jeden Tag. Daran kann der Tote sich gewöhnen, das kann ihm zu einer Stütze in seinem Leben werden, nach der er gerne greifen wird. Am Nachmittag, wenn ich von der Berufsarbeit zurückgekehrt bin, lüfte ich eben das Zimmer, lege Post und Zeitung beiseite, stelle den Bergkristall, den der Tote so gern hatte, auf das Tischchen und setze mich in den Sessel, und nun denke ich einige Minuten an ihn, der schon auf mich wartet. Die gleichbleibende Handlungsfolge, an der ich mit warmen Gefühlen beteiligt bin, ist ein Geschehen, das der Tote wahrnehmen kann. Er wacht an mir für mich auf.

Nicht immer ist ein Toter gleich gut zu erreichen, auch nicht für die nächststehenden Menschen. Vielleicht naht ein Toter, wenn ich an ein besonders schönes und tiefes Gespräch denke, das wir einmal geführt haben. Vielleicht nimmt er auch gerne an wesentlichen Inhalten teil, die erst jetzt, nach seinem Tod, in mein Leben eintreten. Die sicherste Brücke hin zu dem Toten aber ist das Gefühl der Dankbarkeit. Nicht Dank für etwas, was ich einmal von ihm bekommen haben, sondern der Dank dafür, dass wir uns begegnet sind. Eine junge Frau schrieb mir einmal: Danke, dass es dich gibt. Ganz einfach und nett, aber das ist es, was wir jetzt und auch als Tote noch hören und verstehen können. Dankbarkeit schafft nicht nur die Verbindung zu dem Toten, sondern harmonisiert auch die Beziehung, selbst wenn sie während des Lebens manchmal belastet war. Denn Dankbarkeit richtet sich nicht auf etwas, sondern auf den Menschen selbst. Und darauf kommt es nach dem Tode an, aufzuwachen für den Umgang mit geistigen Wesen.

Tote können einem einzelnen Hinterbliebenen nahe sein, oder vielleicht sind sie dabei, wenn zwei oder mehr bestimmte Menschen beisammen sind. Ein junger Mann und eine junge Frau hatten sich gefunden, sie verstanden sich gut, und wenn sie zusammen waren, hatte man den Eindruck: Da ist noch jemand dabei. Das kann ein ungeborenes Kind sein, das nicht ganz unbeteiligt daran ist, dass die beiden sich so gut verstehen. Denn die Ungeborenen sehen das Beste an uns, was es zu sehen gibt. Es kann aber auch ein Toter sein, der sich der Erde naht, wenn die beiden zusammen sind, ein Toter, der mit seinem Segen dabei ist. Das ist nicht leicht zu unterscheiden, am ehesten vielleicht, wenn die Situation sich ändert, nachdem die Empfängnis eines Kindes eingetreten ist.

Nach dem Krieg konnte man immer wieder beobachten,

dass ein Kind, dessen Vater gefallen war, das also seinen Vater nie gesehen hatte, manchmal sprach und sich bewegte wie der Vater. Vielleicht weil die Mutter viel an den gefallenen Mann dachte – oder auch weil der Tote dem Kind manchmal ganz nahe war. Für den Toten ist es wichtig, dass wir seine Nähe wahrnehmen, dann erst ist er ganz gegenwärtig. Wenn wir einen Toten spüren oder auch leibhaftig sehen, im Bewusstsein, dass er schon tot ist, so ist es doch wohl erstaunlich, dass der Tote das meistens gut ertragen kann, dass er also da bleibt. Was ihn vertreibt, ist oft eine heftige Erregung, ein Schreck oder ein heftiger Ausdruck der Freude.

Ich sitze im Zimmer, blicke vor mich hin und bin in einer lockeren inneren Haltung. Plötzlich steht da, drei bis vier Meter entfernt, der Tote. Wie sah er aus? Genau wie im Leben. Wie war er gekleidet? Er trug einen dunkelblauen Anzug mit heller Krawatte. Was hier erlebt wird, ist wahrscheinlich die Verdichtung der Erinnerung zu einem Bild, das nach außen projiziert wird, aber nicht der Tote selbst. – Wenn der Tote hier und jetzt gegenwärtig ist, erscheint er oft jünger und von innen her leuchtend. Und wie war er gekleidet? Weiß ich nicht mehr. Aber du hast ihn doch, wie du sagst, ganz deutlich gesehen. Ja, aber ich habe doch nicht auf die Kleidung geschaut. Was ich noch genau beschreiben kann, das ist der Gesichtsausdruck, das ist die Haltung der Hand. Diese Art des Bild-Erlebens spricht für die wirkliche Gegenwart des Toten in diesem Augenblick, nicht für die Spiegelung eines früheren Erlebens in die heutige Erinnerung. Kennzeichnend für aktuelle Begegnungen mit Toten ist auch, dass irgendetwas überraschend ist, dass der Tote ganz anders blickt als gewohnt, dass er etwas Unerwartetes sagt. Wenn man im Rückblick auf das Erlebnis sagt: «Es war alles wie gewohnt», so liegt es näher, dass sich die Erinnerung an die Verbundenheit zum Bilde verdichtet hat.

Es ist auch möglich, sich an einen Toten mit der Bitte um einen Rat zu wenden, wenn es um tiefere Lebens- und Schicksalsfragen geht. Oft wird der Tote stumm bleiben, weil er die Frage nicht versteht, weil die Frage «falsch», nicht offenlassend genug, gestellt ist oder weil der Tote keinen guten Rat weiß. Einen Toten richtig zu fragen, das will gelernt sein: nach wesentlichen Inhalten fragen, nicht nach allgemeinen Lebensregeln fragen, sondern konkret nach der jetzigen persönlichen Lebenssituation, offen sein für unerwartete Antworten. Es will auch gelernt sein, still zu werden, damit nicht geheime eigene Wünsche sich vordrängen, sondern der Tote selbst sprechen kann. Warten, still und offen warten – bis, vielleicht überraschend und unerwartet, die Antwort kommt. Es gibt einen Zeitpunkt, der besonders günstig ist, um die Frage zu stellen: die Zeit vor dem Einschlafen oder, wenn man Einschlafstörungen hat, vielleicht im Laufe des Abends, wenn man innerlich locker und gelassen ist, vielleicht besinnlich im Sessel sitzt. Die Uhrzeit ist für das Stellen von Fragen weniger wichtig als die Seelenverfassung. Die Frage kann sich am besten vom Menschen lösen und zu dem Toten hin finden, wenn man in einer gelockerten, offenen Seelenverfassung ist, wenn man nicht egozentrisch ist. Und entsprechend erreicht uns die Antwort am besten, wenn wir aus der seelischen Lockerheit heraus uns wieder auf uns selbst konzentrieren. Das ist bei vielen Menschen der Augenblick des Aufwachens am Morgen. Bei mir da noch nicht, sondern etwa eine halbe Stunde später. Da tauchen die Inhalte der Nacht am ehesten auf. Das ist individuell verschieden. Es kann auch ein günstiger Augenblick für das Hören der Antwort sein, wenn man bei einem Spaziergang mit seiner Aufmerksamkeit auf einen großen Umkreis ausgebreitet war und nun sich auf einen bestimmten Punkt konzentriert, wenn man von der peripheren zur punktuellen Aufmerksamkeit übergeht.

Es kann geschehen, dass man eben einen schönen Parkweg entlang geht, dass man in einer verträumten und friedlichen Stimmung ist, und da hört man ganz deutlich den vertrauten Klang der Stimme dieses Verstorbenen. Genau auf die gestellte Frage antwortet er, er hat mich also verstanden. Vorsicht bei solchen handgreiflich fassbaren Erlebnissen! Wahrscheinlich handelt es sich darum, dass ich zwar wirklich diese Frage hatte, dass ich auch wirklich den Rat des Toten hören wollte, aber dass sich in die Zuwendung an den Toten eine kaum eingestandene, kaum bewusste Erwartung eingeschlichen hat: Hoffentlich lautet die Antwort so oder so. Solche kaum eingestandenen Erwartungen kommen uns später oft wie aus weiter Ferne entgegen, wir hören sie als Stimmen zwischen den Wipfeln der Bäume ... Echte Antworten von Toten klingen anders. Wenn der Mensch einschläft, durch die Bilderwelt des Traumes hindurch in den bildlosen Tiefschlaf eintaucht, so schweigen die Vorstellungen, aber der Wille wird sehr aktiv. Der Wille taucht ein in das Erleben des eigenen Schicksals, in die Beziehung zu anderen Menschen, lebenden wie toten, und in die Beziehung zu Engeln. Hier bin ich vielleicht auch im Gespräch mit demjenigen Toten, an den ich am vorigen Abend meine Frage gerichtet hatte. Dieses Gespräch im Tiefschlaf mit der Antwort auf meine Frage lebt in der Tiefe meines Willens und kann von dort am Tage aufsteigen. Die Antwort kommt dann also nicht aus dem Umkreis, sondern aus der Willenstiefe. Vielleicht verbunden mit dem Gefühl: Jetzt bin ich selbst auf die Antwort gekommen, ich hätte den Toten gar nicht fragen brauchen. Wer sehr aufmerksam beobachtet, wird aber vielleicht genau in diesem Moment des Einfallens die Nähe dessen spüren, der geantwortet hat, wie eine Art stillen Zuwinkens. Sobald ich verstanden habe, zieht sich der Verstorbene, wie übrigens auch ein Engel, oft still und zufrieden zurück. Vielleicht nicht am Sprechen, sondern am Verstummen wird mir der Tote erlebbar. Tote sind häufiger nahe, als wir das bemerken, und oft gar nicht in einer aufregenden, spektakulären Art.

Als junger Lehrer war ich öfters zu Gast in einer Familie, deren Kinder unsere Schule besuchten. Bald starb der Vater. Wenn ich nun manchmal mit der sechsjährigen Tochter auf einer Bank im Schulhof saß, hatte ich das Gefühl, da sei noch jemand dabei. Bis mir deutlich wurde, wer das war: der Vater. Wenn sich jemand mütterlich oder väterlich einem Kind zuwendet, etwas von der Aufgabe fortführt, die der Tote nicht zu Ende führen konnte, so ist der Tote oft recht nahe und dabei recht glücklich. – Auch wenn ein Verstorbener erleben kann, dass jemand eine Lebensaufgabe fortführt, die er selbst nicht hat vollenden können, schafft das Nähe und Verbundenheit, gibt eine Abrundung des Lebens, obwohl der Tod mit seiner Strenge die Grenze des Wirkensraumes gesetzt hatte.

Tote sind vielleicht auch gegenwärtig, wenn bestimmte Themen behandelt werden, vielleicht diejenigen Themen, über die der Tote ein Leben lang nachgedacht hat. Tote haben jedoch das Bedürfnis, hinauszuwachsen über den Entwicklungsstand, den sie im Leben hatten. Nur zu wiederholen, was der Tote früher gesagt hat, entfremdet uns von seiner jetzigen Existenz. In seinem Geiste weiter zu denken, das lässt uns mit ihm zusammen reifen.

Nachtodliche Interessen eines Menschen können sich schon vor dem Tode ankündigen. Ein Naturwissenschaftler, ein Biologe, war auf Wanderungen ein rechter Naturliebhaber. In seiner letzten Lebenszeit blieb er immer wieder stehen, wenn er an einem Grashalm einen Tautropfen sah, in dem sich das Licht der Sonne spiegelte. Nach dem Tode nun war zu bemerken, dass er still und aufmerksam lauschend da war, wenn über das Wirken Christi in der Erde gesprochen wurde, von dem Lichte, das die Erde erglänzen lässt. Optik war ja nicht sein berufliches Thema gewesen, aber er hatte in der letzten Lebenszeit das Thema Licht und Erde veranlagt. Auf solche intimen Beobachtungen aufmerksam zu sein, das ist wichtig, wenn wir einen Toten innerlich begleiten wollen, wenn wir einander nahe bleiben wollen, bis die Schranke der irdischen Existenz uns nicht mehr trennt.

Von der Erde –
Was Sterbende
in den Himmel
mitbringen

Erst wenn der Mensch sich angenommen hat, wie er ist, kann er über sich selbst hinauswachsen und sich öffnen für die Begegnung mit Engeln.

Sie hat Abschied genommen. Es ist still geworden in dem Sterbezimmer dieser Frau. Sie weiß, dass es auf den Tod zu geht, und die Angehörigen wissen es auch. Niemand hat dieses Wort ausgesprochen, aber jeder weiß, dass alle anderen auch wissen, es werde nun nicht mehr lange dauern. Es ist nichts mehr zu sagen, weil alles Wichtige ohne Worte klar ist. Die Sterbende hat die Augen geschlossen, in den Gesichtszügen spiegelt sich nicht mehr der Wechsel von Stimmungen. Der Ausdruck des Gesichts ist schlicht und ernst und doch den Angehörigen vertraut.

Von einem Menschen in der Todesnähe sagt man oft, er sei schon weit weg. Dieses Wort passt hier überhaupt nicht. Die Sterbende hat sich noch gar nicht entfernt, nein, sie ist ganz gegenwärtig. Im Alltag erleben wir die Gegenwart eines Menschen konzentriert auf seine Gestalt, auf seine Worte, auf das, was er mit den Händen tut. Doch diese Sterbende ist still. Ihre Gegenwart wird am deutlichsten erlebt im Umkreis, bis hin zum Rande der ihr vertrauten Welt, der ihr vertrauten Menschen. Sie liegt im Bett, aber sie ist spürbar gegenwärtig rund herum bei den Angehörigen, die auf ihren Stühlen sitzen. Sie ist nicht mehr punktuell gegenwärtig, sie lebt peripher, im Umkreis.

Man sagt oft von einem Sterbenden oder von einem Verstorbenen, er entschwinde. Davon kann hier gar keine Rede sein. Diese Frau ist und bleibt gegenwärtig, und man kann ihre Gegenwart genau lokalisieren. Sie reicht bis zum Rande der ihr vertrauten menschlichen Welt. An deren Rand ist die Sterbende ganz gegenwärtig. Das ist deutlich zu spüren. – Sie ist noch nicht sehr alt, und sie war bis zuletzt recht tätig gewesen, mit viel Initiative und Verantwortungsgefühl. Sie war eingetaucht in die Welt ihrer Aufgaben, auf diese Frau konnte man sich verlassen, wenn sie auch originell arbeitete, wenn sie auch nicht «berechenbar» war. Diese Verantwortung für ihren Lebenskreis verwandelt sich nun im Sterben in ein Umkreis-Bewusstsein. Im Tode erlischt ja die Möglichkeit, sich auf die egozentrische Mitte der eigenen Persönlichkeit abzustützen. Denn wer himmelwärts fliegen will, kann nur sich selbst tragen. Losgelöst von der Erde gibt es keine Stützen mehr. Und wer beim Lösen vom Leib nach Stützen greift, die es nicht mehr gibt, bei dem bricht die Todesangst auf. Diese sterbende Frau hatte offenbar keine Todesangst, denn sie trug sich selbst in einem Umkreis-Bewusstsein. Was nur für den egozentrischen Mittelpunkt des Erdenmenschen Bedeutung hat, was der Mensch tut um seiner selbst willen, das wird im Tode irreal. Das entgleitet dem Menschen, wenn er sich darauf stützen will.

In der Frühzeit der Persönlichkeitskultur, im alten Griechenland, sagte man deshalb, nach dem Tode könne der Mensch sich nicht mehr an sein Erdenleben erinnern. Nur derjenige, der schon während des Erdenlebens über das irdische Bewusstsein hinausgewachsen ist, wer eingeweiht ist in die Mysterien von Eleusis, wisse nach dem Tod noch, wer er gewesen ist. Nur der könne die Früchte seines Erdenlebens in die Zukunft mitnehmen.

Und wie steht es damit heute? Jeder Mensch kommt nach dem Tode in die Welt der Verstorbenen, aber wie bewusst er mitvollziehen kann, was dort geschieht, das ist die Frage. Tun die Engel etwas an ihm und für ihn oder ist der Mensch bewusst und aktiv beteiligt an der Verwandlung seines Erdenmenschen zum Himmelsmenschen? Die sterbende Frau, von der hier berichtet wird, gibt eine erste, vorläufige Antwort auf diese Frage. Wer den Verantwortungskreis seines Lebens erfüllt, entwickelt ein Umkreis-Bewusstsein, das geistige Wesen berühren kann. Wenn es nicht mehr etwas, wenn es nicht mehr eine Welt von Gegenständen gibt, so kommt es darauf an, zu einem Bewusstsein von anderen Wesen zu erwachen, als Ich ein Du zu berühren. Die Beziehung zwischen Ich und Du trägt, sie stützt nicht mehr.

Der nächste Schritt auf dem Wege zum himmlischen Bewusstsein ist schwerer zu verstehen und schwerer anzuerkennen. Doch er lässt sich einfach schildern, wie das Märchen es tut. Als dem fleißigen Mädchen beim Spinnen die Spule der Spindel in den Brunnen gefallen ist, springt sie nach. Und als sie wieder zu Bewusstsein kommt – auch den Unterbruch des Bewusstseins kennt und nennt das Märchen –, da ist sie auf einer großen Wiese und dort rufen ihr die Äpfel vom Baume entgegen: «Schüttele uns, wir sind reif»; und die Brote im Backofen: «Hole uns heraus, wir sind ausgebacken.» Was sind Äpfel und Brote? Die Früchte des Erdenlebens. Die werden nach dem Tode eingebracht. Und dann? Das fleißige Mädchen bringt sie nicht zu Frau Holle, sondern lässt sie liegen. Für wen? Davon spricht das Märchen nicht, und es spricht auch nicht davon, woher das Gold kommt, das beim Rückweg zur Erde über das Mädchen gegossen wird. Doch wohl von dort, wohin die Äpfel und Brote gegangen sind. Engel hungern, wenn Menschen von der Erde ohne Früchte in den Himmel zurückkehren. Sie können ihren Hunger stillen, wenn der Sterbende etwas mitbringt, was im Himmel genießbar ist.

Wie der Mensch die erste Stufe seines nachtodlichen Bewusstseins entwickelt, indem er in der Peripherie seines eigenen Wesens lebt, indem er andere geistige Wesen berührt, so entwickelt er eine zweite Stufe des nachtodlichen Bewusstseins, indem andere Wesen, vor allem die Engel, ihn wahrnehmen. Ich bin, weil ich wahrgenommen, weil ich angenommen bin. Dieses Motiv klingt noch im Selbst-Erleben des kleinen Kindes nach: Ich bin, weil ich eine Mama habe. Doch das Märchenbild ist noch deutlicher: Das fleißige Mädchen gibt den Engeln nicht etwas von seinen Lebensfrüchten ab, sondern es gibt alles. Der Verstorbene verschnürt nicht die guten Ergebnisse seines Erdenlebens im Rucksack, um sie im nächsten Leben wieder auszupacken, sondern er gibt sich den Engeln hin, sich selbst. Die zweite Stufe des nachtodlichen Daseins ist nicht mehr peripher, sie ist selbstvergessen. Der Tote erwacht für den Himmel, indem er sich vergisst. Wie das im Ansatz ja schon während des Schlafes geschieht, worauf auch die erquickende Wirkung des Schlafes beruht.

Hier haben es viele Menschen heute noch schwer mitzugehen. Ich bin ja sozial und gebe gerne etwas ab, wenn ich nur genügend für mich zurückbehalten darf. Aber alles hergeben? Im alten Indien gab es einmal die Lehre, dass gar nicht das Ich des Menschen sich wiederverkörpere, sondern sein Schicksal, dass ich also, wenn ich moralisch lebe, gar nicht selbst etwas davon habe, sondern ein anderer Mensch. Wenn auch diese Darstellung inhaltlich nicht richtig ist, denn es ist das Ich, das sich wiederverkörpert, so wird hier doch eine hohe moralische Qualität angesprochen. Was von dem einen in das nächste Erdenleben hinübergeht, das geht durch die himmlische Selbstvergessenheit hindurch. Ich arbeite nicht für mich, sondern für die Welt. Beim Eintritt in den Himmel gebe ich nicht etwas, sondern ich gebe mich hin, und bei der Geburt empfange ich mich neu. Ich verdanke mich den Engeln, nicht demjenigen, der ich früher einmal war.

Der Gedanke an ein selbstvergessenes Bewusstsein liegt dem heutigen Menschen gar nicht so fern, wie es auf den ersten Blick erscheinen mag. Denn in einem guten Gespräch hören wir ja selbstvergessen einander zu. Mich interessiert, was der andere sagt, ohne dass ich schon dazu Stellung nehme. Der Mensch, der gut zuhören kann, erscheint uns als die starke Persönlichkeit, nicht derjenige, der mit der Faust auf den Tisch schlägt, damit man seinen Gedanken Glauben schenkt. Wer gut zuhört, wacht auf für die Welt der Mitmenschen, wie der selbstvergessene Tote aufwacht für die Welt der Engel.

Wenn der selbstvergessene Tote einen festen Halt im Umkreis gefunden hat, so kann er aus diesem Umkreis auch ruhig auf den hinblicken, der er im Leben gewesen ist. Da taucht für den Toten eine Gestalt auf, die zunächst vielleicht recht fremd erscheint. Was will der hier? Ich suche doch die lieben Menschen, die mir im Tode vorausgegangen sind, und ich suche die Engel. Und nun stellt sich diese fremde Gestalt in den Weg. Und bei Menschen, die in der Täuschung über sich selbst befangen waren, kann es lange Zeit nach dem Tode dauern, bis die Erkenntnis auftritt: Diese fremde Gestalt – das bin ich. Ich, wie ich im

Leben war. Und erst wenn der Mensch sich angenommen hat, wie er ist, kann er über sich selbst hinauswachsen und sich öffnen für die Begegnung mit Engeln.

Als das faule Mädchen an ihrer Stiefschwester bemerkt, dass man vom Himmel Gold mitbringt, möchte auch sie dorthin gehen und springt in den Brunnen. Sie möchte sich aber nicht die Arbeit machen, die Äpfel zu schütteln und die Brote aus dem Backofen zu holen. Denn wer auf der Erde faul war, bleibt es auch im Himmel. Sich selbst ändern kann der Mensch während des Lebens, bis die Stunde des Todes schlägt. Bis dahin haben wir Zeit, ein befristete Zeit. Im Himmel reifen die Früchte des Erdenlebens, so viele und so gute Früchte, wie wir mitbringen. Die werden zum Gold – oder zum Pech des nächsten Erdenlebens. Erst da hat der Mensch die Gelegenheit, weiter an sich zu arbeiten. Auch das schildert das Märchen richtig und genau.

An einer Stelle aber versagt die Bild-Sprache des Märchens: Wenn das faule Mädchen auf die Himmelswiese kommt, dürften keine Früchte des Lebens da sein. Dann aber gäbe es nichts zum Schütteln und es würde sich die Faulheit nicht zeigen. Zwar wird sie später noch einmal deutlich bei Frau Holle. Im Dienst bei ihr schüttelt das faule Mädchen nicht ordentlich die Betten, deshalb schneit es nicht auf der Erde und deshalb wird das faule

Mädchen zur Erde zurückgeschickt. Ein Gedanke, der schon bei dem alten griechischen Philosophen Platon auftaucht: Wer nicht in den Himmel passt, kann zwischen Tod und Wiedergeburt nicht lange im Himmel bleiben. Wer aber auf der Erde schon in der Wahrheit gelebt hat, kann lange dort bleiben – und kann wohl viel von dort mitbringen.

Ein italienischer Dichter des Mittelalters, Dante, schildert den Weg der Seele nach dem Tode. Und als die wunderbare Welt des «paradiso» vor dem Blick ausgebreitet ist, heißt es: Wer in diesem Lichte lebt, kann nicht den Wunsch nach einem weiteren Leben auf der Erde haben. Das klingt überzeugend, denn Dante kennt die Welt, von der er spricht. Es sei denn, der Mensch habe ein Erlebnis, von dem Dante jedoch nicht spricht, das ihn mit Freude auf ein neues Erdenleben zugehen lässt: Ich bin, auf der Erde wie im Himmel, durch die Liebe des Schöpfers, der jedoch nicht denjenigen im Blick hat, der ich heute bin, sondern denjenigen, der ich erst noch werden kann. Wer den heutigen Menschen als Ziel der Entwicklung sieht, wer glaubt, wir seien am «Ende der Geschichte» angekommen, wie der amerikanische Politologe Francis Fukuyama es sagt, der denkt zu gering von Gott. Aber auch der denkt zu gering von Gott, der Wiederverkörperung nur als Weg des Schicksalsausgleichs sieht.

Der Weg durch die Wiederverkörperungen zielt auf den menschlichen Menschen, in dem das Schöpferwort, das Ebenbild Gottes, Wirklichkeit geworden ist.

Der Mensch, der sieht, was mit ihm gemeint ist, und der das vergleicht mit dem, was schon erreicht ist, kann dem himmlischen Licht den Rücken kehren und gerne auf die Erde zurückkehren. Und er kann, wenn er ein genialer Mensch ist, sich während des Erdenlebens sogar an diesen Höhepunkt und Wendepunkt seines Himmelsweges erinnern. In seinen Briefen *Über die ästhetische Erziehung des Menschen* spricht Friedrich Schiller davon, dass jeder Mensch «der Anlage und Bestimmung» nach, als Ursprung und Ziel seiner Existenz, einen reinen *idealischen* Menschen in sich trage, mit dem übereinzustimmen die große Aufgabe seines Daseins ist.* In diesem Satz leuchten die hellsten Sterne der Kulturgeschichte auf. Von Gott ist in diesem Satz zwar nicht die Rede, aber *er* ist nahe. So wie *er* nahe ist, wenn der Mensch am erdenfernsten Punkt seines Weges vom Tode zur Wiedergeburt die Wendung zum neuen Leben vollzieht. Hoffentlich wissend und aus eigenem Willen – wenn das Bewusstsein des Menschen nicht getrübt ist durch die Erhabenheit des himmlischen Lichtes.

---

*   Friedrich Schiller: *Über die ästhetische Erziehung des Menschen*, 4. Brief.

So sind beim Menschen nach dem Tode drei Stufen der Bewusstseinsentwicklung zu unterscheiden. Er löst sich aus dem Erleben seines Ich, das er während des Lebens als Mittelpunkt der ihn umgebenden Welt gesehen hat, und entwickelt ein Umkreis-Bewusstsein. Er schaut zurück auf den, der er gewesen ist während des Lebens. Dabei lebt er im Umkreis mit der Welt, auf die er handelnd gewirkt hat. Und was er vor dem Tode als Ich, als Punkt erlebt hat, wird nun zur Welt, die ihn umgibt. – In einem zweiten Schritt taucht er, selbstvergessen, ein in die fortwirkenden Taten seines Erdenlebens und nimmt teil an der Bildung seines neuen Schicksals. Wie wach bewusst ihm diese Schicksalsbildung wird und wie aktiv er daran beteiligt ist, das ist bei den einzelnen Menschen sehr verschieden. – In einem dritten Schritt löst der Verstorbene sich aus dem Strom der Zeit, es eröffnet sich der Blick auf die Ewigkeit. Er spürt an sich selbst denjenigen Menschen, der aus der Erden-Wanderung eingehen kann in das Wesen Gottes, der in dieses Wesen aufgenommen werden kann.

Der Mensch kommt auf seinem Wege nicht dann am besten vorwärts, wenn er während des Lebens auf der Erde immer denkt: Himmel, Himmel. Sondern wenn er den Aufgaben des Erdenlebens gerecht wird, wenn er er selbst, wenn er einfach Mensch sein will. Oder wie es eine längst verstorbene Kollegin einmal einfach und bildhaft sagte: Es ist wie beim Pendel, der Schwung nach unten gibt den Schwung nach oben.

Von den Sternen –
Was Kinder
bei ihrer Geburt
mitbringen

Kinder, die von den Sternen kommen, suchen die Erde. Sie suchen die Begegnung mit Menschen, die mit beiden Beinen auf der Erde stehen.

Es gibt, so weit wir zurückdenken können, einen Satz, der von Generation zu Generation mit ähnlichen Worten von den Eltern wiederholt wurde: Als wir Kinder waren, waren wir ganz anders als die heutigen Kinder – und selbstverständlich besser. Und ähnlich sprechen die jetzigen Kinder, wenn sie später auf die nächste Kindergeneration hinblickten.

Dieses Urteil über die Kinder hat sich nun grundlegend gewandelt. In den letzten Jahren des 20. Jahrhunderts wurde immer wieder davon gesprochen, dass Kinder anders seien, aber besser, dass sie etwas mitbringen, was die Eltern nie gehabt haben, dass dieser Unterschied nicht durch veränderte irdische Verhältnisse bewirkt sei, sondern dass diese Kinder etwas aus ihrem vorgeburtlichen Dasein, aus dem Himmel, von den Sternen, mitbringen, was es früher nicht gab, was also die Eltern dieser Kinder früher nicht oder nicht in gleichem Maße gehabt haben.

Nun liegt die Gefahr nahe, dass man einigen oder vielen der heutigen Kinder diese Himmelsnähe zuspricht und anderen nicht. «Frau Nachbarin, haben Sie ein Indigo-Kind, ein Sternen-Kind oder ein gewöhnliches?» Alle Kinder kommen von den Sternen und alle Kinder wollen geliebt werden, nicht weil sie von den Sternen kommen, sondern weil sie da sind. Der Missbrauch einer neuen Einsicht liegt leider sehr nahe, das sollte aber nicht die Freude darüber trüben, dass in unserer Zeit der Blick sich öffnet für die Welt, aus der wir alle bei unserer Geburt kommen.

Was hier geschieht, ist nicht nur ein Wandel in unserem Weltbild, in unserem Gedankenbild von der Welt, durch die neue Einsicht, dass der Mensch schon vor der Geburt oder Empfängnis existiert, sondern das Selbsterlebnis des Menschen beginnt sich über die Grenzen von Geburt und Tod hinaus zu erweitern. In Aussprachen über tiefere Lebensfragen kann man immer wieder erfahren, dass Menschen heute viel wissen über himmlische Verhältnisse, dass sie nur ihr Wissen noch nicht formuliert haben.

In alten Sagen ist davon die Rede, dass der Mensch nach dem Tode vergisst, wer er im Leben gewesen ist, dass er zum Schatten seiner selbst wird und dass der Mensch bei der Geburt entsprechend den Himmel vergisst. Nur wer eine Einweihung im Mysterium, im Tempel von Eleusis, durchlebt hat, sagte man im alten Griechenland, könne sich auch nach dem Tode an sein Erdenleben erinnern, könne seine Identität bewahren.

Oder anders gesagt. Es gehörte zum Führungsstil der Engel, uns ganz zu Erden-Menschen werden zu lassen, uns das Wissen um unsere Schicksalsvergangenheit und die Erinnerung an die himmlische Heimat vergessen zu lassen. Nur aus dieser irdischen Gegenwärtigkeit konnte der Mensch eine Ich-Kultur entwickeln. «Höchstes Glück der Erdenkinder ist doch die Persönlichkeit», um es klassisch, mit Goethes Worten, zu sagen. Erst wenn das Ich in sich gefestigt ist, kann es über sich hinauswachsen. Und diesen Schritt haben wir im 20. Jahrhundert erlebt. Es ist wie der i-Punkt dieser Entwicklung, dieser Bewusstseinserweiterung im 20. Jahrhundert, dass zum Schluss das entdeckt wird, was die Kinder bei ihrer Geburt mitbringen, dass der Himmel auf Erden zu sprechen beginnt, wenn wir mit Liebe auf die Kinder blicken.

Wenn man noch um das Jahr 1970 in Vorträgen über die Zeit nach dem Tode sprach, war es oft möglich, recht konkret darzustellen, wie die Verstorbenen einander wahrnehmen, wie sie miteinander umgehen. Denn viele Menschen spürten deutlich die Nähe der Toten. Und wie der Mensch vor der Geburt lebt? – Wie bitte? Wenn wir noch nicht geboren sind, gibt es uns doch wohl noch nicht. Und wenn nun auch noch die Engel auftreten … Das sollten Sie lieber während einer Märchenstunde im Kindergarten erzählen. Diese Einstellung hat sich gründlich geändert. Im Jahre 1991 hat ein Mediziner in seiner Doktorarbeit* untersucht, was junge Frauen in den Stunden um die Empfängnis herum erlebt haben, und er

---

*   Jörg Schlichting: *Die Kindesankunft: Erlebnisweisen von Frauen zur Zeit der Konzeption.* Medizinische Dissertation, Hannover 1991.

kommt zu dem Ergebnis, dass gar nicht wenige einfach gewusst haben: Jetzt kommt ein Kind. Woher kam ihnen dieses Wissen? Der Mediziner sagt das ganz einfach: aus der Wahrnehmung. Die junge Frau hat das Kind, das jetzt bei ihr einzieht, wahrgenommen. Was ich wahrnehme, das gibt es. Also gibt es das Kind bereits im Augenblick der Empfängnis, da entsteht es nicht erst. Dann also gibt es das Kind schon in einer anderen Welt, noch nicht in der irdischen. Und wenn wir daher kommen, vielleicht können wir uns dann auch daran erinnern? Vielleicht nicht umfassend, aber an einiges. Wenn ich heute in Vorträgen über Engel spreche, habe ich oft den Eindruck: Ich spreche vor Wissenden. Vor Menschen, die einfach wissen, ob das stimmt, was ich sage. Die das vielleicht noch nie für andere oder für sich selbst formuliert haben, die aber hören, ob das stimmt. Weil sie sich an das zu erinnern beginnen, was vor der Geburt war. Und dass solche Erinnerungen besonders deutlich bei kleinen Kindern auftreten, das ist ja naheliegend. Seien wir froh, dass das so ist, und seien wir froh, dass wir das auch bemerken. Dass wir bemerken: Kinder sind heute oft anders, als wir in unserer Kindheit waren. Sie bringen einen Reichtum mit, von den Sternen. Und unser Leben kann menschlicher werden, wenn wir die Sterne sich aussprechen lassen.

Was eigentlich ist bei den Kindern heute anders?

Vielleicht lässt sich das mit einem Wort am besten beschreiben: Sie sind wacher. Das verträumte, in sich ruhende Kind ist eher die Ausnahme. Und das gilt für das erste Lebensjahr ebenso wie für die Schulzeit. Doch wofür sind die Kinder heute so wach? Hier wird oft nicht genau genug beobachtet und unterschieden. Wenn ich an meine eigene Schulzeit in den Jahren 1934 bis 1945 zurückdenke: Wir haben unsere Lehrer sicher nicht weniger kritisch gesehen als die Kinder heute. Was wir rasch und sicher gesehen haben, das war: Ist das ein guter oder ein schlechter Lehrer? Wir haben etwas Typisches gesehen, aber weniger das Individuelle. Wer ein guter Lehrer war, wurde, so scheint es mir im Rückblick, von uns auch gut behandelt. Wer ein schlechter Lehrer war, allerdings nicht. Aus meiner Gymnasialzeit erinnere ich mich an eine einzige Lehrerin. Wir hatten nie Unterricht bei ihr, ich habe sie nur im Korridor gesehen, weinend. Bis sie nach wenigen Wochen aufgegeben hat.

Heute übersehen die Kinder eher einen pädagogischen Fehler des Lehrers, eher, als das früher der Fall war, aber es wird nicht hingenommen, wenn der Lehrer nicht zeigt, wer er ist. Wenn er sich nur als Lehrer, als guter Lehrer zeigt, aber nicht als individuelle Persönlichkeit. Kinder wollen wissen, wie der Lehrer über diese oder jene Lebensfrage denkt, was er bei dieser oder jener Musik, bei diesem oder jenem Bild empfindet. Vielleicht ganz anders empfindet als die Kinder. Aber das möge er bitte zeigen, nicht aufdringlich, aber offen. Die Alten, die Vierzigjährigen, haben ja manche merkwürdigen Einstellungen, aber die möchte man doch kennen, wenn man miteinander zu tun hat. Was wir in der Schule brauchen, sind offene Gesprächskreise ohne Programm, ohne Leistungsdruck, Zusammenkünfte, in denen wir uns offen aussprechen können. Wo der Lehrer ein Themenangebot machen kann oder wo die Kinder bestimmte Lehrer zu einem von ihnen gewählten Thema einladen können.

In der Mitte der 90er-Jahre des 20. Jahrhunderts erhielt eine schwedische Journalistin, Gunilla Granath, die Erlaubnis, noch einmal Schülerin einer siebenten Klasse zu werden, sich in die Schulbank zu setzen und zu melden, wenn sie etwas wusste, ordentlich ihre Hausaufgaben zu machen und so fort. Nach einigen Monaten schrieb sie selbstverständlich, denn sie war ja Journalistin, ein Buch über ihre Erlebnisse. Der Titel des Buches sagt schon alles: *Zu Gast in der Unwirklichkeit.** Was im Unterricht behandelt wird, das interessiert die Kinder nicht. Wonach die Kinder fragen – und die Kinder haben Fragen –, das wird im Unterricht nicht behandelt. Die Kinder wachsen hinein in eine unwirkliche Welt, die von Büroschreibtischen her

---

* Gunilla Granath: *Gäst hos overkligheten*, Stockholm 1996.

bestimmt wird. Stattdessen brauchen wir eine Welt, die sich aus der Begegnung von Mensch zu Mensch aufbaut.

Es gibt bei den heutigen Kindern die erwartungsvolle Wachheit, deren Blick sich auf Menschen richtet. Nicht auf das, was der andere sagt oder tut, sondern auf den, der der andere ist. Dieser Sinn für das Echte am anderen Menschen braucht Nahrung. Er braucht die Wahrnehmung von Menschen, die zeigen, wer sie sind. Und wenn Kinder nicht echte Erwachsene zu sehen bekommen, so werden sie unruhig. Sie werden unruhig aus ungestilltem Hunger nach Menschlichkeit. Denn Kinder, die von den Sternen kommen, suchen die Erde. Sie suchen die Begegnung mit Menschen, die mit beiden Beinen auf der Erde stehen. Wie wäre es, wenn wir Lehrern die Gelegenheit geben würden, zwischendurch einmal für ein, zwei, drei Jahre nicht zu lehren, sondern praktisch tätig zu sein – auf einem Bauernhof, in einer Fabrik, als Schaffner bei der Bahn? Vielleicht können sie anschließend überzeugender von dem Leben sprechen, auf das die Schule vorbereiten soll. Und der Schule täte ein bisschen Weltluft sicher gut. Wie wäre es, wenn hin und wieder einmal ein Bauer, ein Bergmann, ein Polizist in den Unterricht kämen und davon erzählen würden, wie sie das Leben sehen? All das hätte nur einen Sinn, wenn es nicht angeordnet wird, sondern von freier Initiative ausgeht.

Wenn das Denken über Erziehung davon ausgeht, dass Kinder von den Sternen kommen und die Erde suchen, dass Elternhaus und Schule diesen Weg ins Leben öffnen, dann wird, meine ich, Erziehung lebenspraktischer, als sie es heute weitgehend ist. Denn Sterne sind nicht unerreichbar im Weltraum, sie sind in uns, wir haben sie verinnerlicht. Und wir brauchen die Harmonie zwischen diesem Licht im Innern und der Welt um uns herum, wenn wir glücklich sein wollen.

Kinder sind heute wacher, aber es gibt nicht nur die erwartungsvolle Wachheit, die sich auf solche Menschen richtet, die im Leben stehen, die schon dort angekommen sind, wohin die Kinder gehen wollen. Viele Kinder sind heute wacher für die Welt der Technik. Diese Wachheit hat es auch früher schon gegeben, aber sie war eine auffallende Ausnahme. Im Wohnzimmer funktioniert die Uhr nicht mehr, der technisch nicht unbegabte Vater bemüht sich vergeblich, sie zu reparieren. Der sechsjährige Sohn, der sich noch nie gedanklich mit dem Ineinandergreifen von Zahnrädern beschäftigt hat, fummelt und fummelt eine Weile an dem Uhrwerk, nimmt es auseinander und setzt es wieder zusammen, irgendwie, und die Uhr funktioniert wieder.

Als junger Praktikant in der Heilpädagogik lernte ich einen vierzehnjährigen Jugendlichen kennen, der einmal in die Küche des Heims sprang, sich einen Teelöffel aus Leichtmetall einsteckte und zum Zimmer seiner Erzieherin lief, mit dem Teelöffel das Patentschloss der Zimmertür öffnete und mit sicherem Griff die Zigarettenschachtel einsteckte. Ehe die Zigaretten aufgeraucht waren, blieb er selbstverständlich für seine Mitmenschen unsichtbar. Der Schlossermeister, der dann das Schloss reparierte, konnte nur mit dem Kopf schütteln: Er hätte diese Tür nicht mit einem Teelöffel öffnen können. – Der gleiche Jugendliche, auf einem Spaziergang nahe der Meeresküste, entwischte plötzlich dem Erzieher, lief schnell zu einem Hafen mit Motorbooten, sprang genau in dasjenige Boot, das nicht angeschlossen und vollgetankt war, ein Knopfdruck, und das Boot fuhr los. Stundenlang wurde der Jugendliche von zwei Polizeibooten verfolgt, die ihn aber erst fassen konnten, als der Benzintank leer war.

Dieser Jugendliche war als nicht schulfähig eingestuft worden. Er hatte zwar eine beachtliche technische Intelligenz, die aber passte nicht in die Anforderungen des schulischen Lernens hinein. Er hatte in einigen Augenblicken sogar ein klares Bewusstsein seiner krankhaften Störungen. Nach einem heftigen aggressiven epileptischen Anfall sagte er: «Ich will doch gar nicht so sein, aber manchmal kommt so ein kleines Männchen, das stellt sich zwischen dich und mich und zwingt mich zum Toben.» Ihn als Menschen ernst zu nehmen, das hat ihm zum Durchbruch verholfen. In unser Heim war er in der Zwangsjacke gebracht worden, von drei kräftigen Männern bewacht. Wenige Jahre später konnte er den Schulabschluss nachholen und Marineoffizier werden – bis, leider, der Alkohol alle Fortschritte wieder zunichte machte.

Dieser Jugendliche hatte eine Intelligenz, die in das Leben passte, aber nicht in die schulische Systematik, eine Intelligenz also, die nicht in der Schule erlernt, sondern mitgebracht war. Woher? In der Entwicklungspsychologie nennen wir die frühe Stufe kindlichen Denkens das anthropomorphe oder magische Denken. Das Kind geht davon aus: Wenn etwas geschieht, so gibt es jemanden, der das tut. Wenn diese schöne Musik aus dem Klavier kommt, so ist es die Mutter, die die Musik macht. Wenn ein Gewitter aufzieht, so gibt es jemanden, der blitzt und donnert. Wenn der Wind aufhört, so ruht er sich aus oder er bläst jetzt bei der Oma in Köln. – Die fünfjährige Franziska hat sehr «vernünftige» Eltern, beide naturwissenschaftlich gebildet. Deshalb wollen sie auch ihr Kind vernünftig erziehen, ohne das Reden von Zwergen, Himmel und Gott. Eines Tages betrachtet das Kind mit Freude eine schöne Blume. «Papa, wer hat die gemacht?» – «Niemand, liebe Franziska, weißt du, die Naturgesetze …» Franziska ist mit der Antwort nicht zufrieden und zieht sich nachdenklich in eine Ecke zurück. Nach einiger Zeit taucht sie wieder auf. «Papa, ich weiß, wer die Blume gemacht hat, der Allesmacher war es.» Der Vater hatte dem Kind ja sicher gut erklärt, was ein Naturgesetz ist. Und das Kind möchte ja in die Welt hineinwachsen, in der alle die klugen Papas und Mamas leben. Das Kind widerspricht ja auch nicht dem Inhalt der väterlichen Worte, das Kind denkt aber anders, es denkt personenhaft, anthropomorph. Und dieses Denken hat Franziska nicht bei Papa gelernt, sondern dieses Denken hat Franziska mitgebracht und wendet es ohne Anleitung seitens der Erwachsenen an, bis in die frühe Schulzeit hinein. Dann erst wird der Mensch vernünftig, glaubt nicht mehr, dass ein Maskottchen im Auto Unglück abwendet, und schon gar nicht, dass ein Horoskop etwas über die Zukunft aussagt, denn die Sterne sind da oben und haben nichts mit meinem Schicksal zu tun. Oder ist das doch nicht ganz sicher?

Dieses personenhafte, anthropomorphe Denken bringt das Kind bei der Geburt mit und bewahrt es durch Jahre, obwohl die Erwachsenen anders, naturgesetzhaft denken. Das Kind denkt noch nicht erdengerecht, sondern noch himmelsgerecht. Dort geschieht nur, was jemand tut. Wer sich für die Erziehung an der Schicksalsweisheit orientiert, wird vielleicht zustimmen: Es ist die Aufgabe, die Kinder, die noch Himmels-Wesen sind, Erden-Wesen werden zu lassen. Das wollen die Kinder an uns lernen, die wir schon sicher im Leben stehen. Himmels-Denken wird dann nicht durch das Erden-Denken verdrängt, sondern es wird gewandelt. So wird das Kind heimisch auf der Erde und nicht nur der Erde angepasst.

Wenn Kinder heute wacher sind, so kann das bedeuten, dass der Himmels-Mensch in ihnen aktiver ist und das Eigene, das Individuelle, das Echte im anderen Menschen, im Erzieher, sucht. Hoffentlich zeigt sich dieses Echte, sonst provozieren die Kinder ihre Lehrer, und sei es nur bis zu einem Wutanfall, bis wenigstens die Lehrer-Maske herunterfällt. – Wachheit heute kann aber auch bedeuten, dass Kinder nicht erwartungsvoll die Erwachsenen suchen, sondern dass sie fasziniert sind von der irdischen Welt, auch von den Schwächen der Erwachsenen, vor allem aber dass sie mit der Technik umgehen können. In diesen Kindern ist der Himmels-Mensch nicht stark und aktiv, sondern er ist schwach. Diese Kinder gehen der Erde nicht entgegen, sondern sie werden von der Erde wie aufgesaugt. Diese Kinder sind oft recht intelligent, aber die Intelligenz steht ihnen nicht zur freien Verfügung, sondern die Intelligenz beherrscht diese Kinder. Das wird oft schon im Kindergarten deutlich. Eben noch haben alle Kinder der Gruppe im Sandkasten gut zusammen gespielt, sie kehren in den Gruppenraum zurück, setzen sich auf ihre Stühle, und nun soll ein Märchen erzählt werden. Es wird still, die Kerze wird für das Märchen angezündet, und genau dieser Augenblick wird benutzt für ein lautes «Kikeriki», alle Kinder lachen und die Stille ist zerstört. Die kritische, destruktive Intelligenz ist treffsicher.

Wollen diese Kinder keine Märchen hören? Doch, eigentlich haben sie Sehnsucht nach solchen Inhalten, die das Herz ansprechen, aber sobald diese Inhalte auftauchen, wehren sich die Kinder, sie zerstören das, was sie eigentlich suchen. Diese Tendenz setzt sich in die Schulzeit und in das Erwachsenenalter hinein fort. Diese Tendenz beruht nicht auf Erziehungsfehlern, sondern sie ist den Kindern eingeboren. Woher kommt sie? Wie kann sie überwunden werden?

Die erste literarische Darstellung dieses Problems, das uns heute so sehr zu schaffen macht, finde ich in Max Frischs Schauspiel *Nun singen sie wieder*. Dort tritt ein deutscher Soldat des Zweiten Weltkriegs auf, der sich freiwillig gemeldet hat, seinen ehemaligen Lehrer zu erschießen. Dieser Lehrer hatte im Luftschutzkeller gesagt, es sei nicht sicher, dass wir den Krieg gewinnen. Todesstrafe. Nun nimmt der Soldat seinem ehemaligen Lehrer die Binde von den Augen. Erkennst du mich wieder, deinen ehemaligen Musterschüler? Und dann kommt der Vorwurf, den heute viele Schüler vielen Lehrern machen könnten: Du hast uns viele schöne Dinge erzählt, aber du hast nicht wirklich geglaubt, was du uns gelehrt hast. Deshalb will der Soldat nicht nur seinen ehemaligen Lehrer erschießen, sondern den geistlosen «Geist», den dieser Lehrer vertreten hat. Er will töten – bis der wirkliche Geist aus seinem Dunkel tritt, falls es ihn gibt, oder bis die Welt untergeht, weil es diesen Geist gar nicht gibt.

Mit diesem Satz scheint mir Max Frisch den Kern des Problems getroffen zu haben. Es geht um eine raffinierte, faszinierte Intelligenz, die sich vom Herzen gelöst hat, die ganz unpersönlich geworden ist und nun zerstörend wirkt. Für diese Intelligenz gilt nur, was messbar und berechenbar ist, und so wird die Welt unwirklich, irreal. Sie wird zu der Welt, in der die schwedische Journalistin Gunilla Granath zu Gast war, als sie noch einmal Schülerin wurde. Und wie kann die Welt wieder real werden? Indem der Mensch in ihr entdeckt wird. Den suchen die Kinder in uns Erwachsenen. Und diese Suche bleibt unerfüllt, wenn wir nicht wagen, erwachsen zu sein, Autorität zu sein. Und sie bleibt auch unerfüllt, wenn die Begegnung mit den im Leben stehenden Menschen ersetzt wird durch ein Lernprogramm. Dann entsteht eine irreale, eine leere Welt. Die Kinder suchen nicht die Inhalte der Lehrbücher, sie suchen uns.

Ich stehe vor einer Klasse, in der mehrere Jugendliche

oder junge Erwachsene durch ihre kritische Intelligenz auffallen. Die jungen Leute scheinen sich um diese Intelligenz gar nicht bemühen zu müssen, sie wird sicher und gekonnt angewendet. Sie wirkt wie angeboren. Und wenn man genau hinschaut, so benutzen diese jungen Menschen nicht eine heute übliche Art der Argumentation, sondern eine andere. Aus welchem kulturellen Umkreis? Sie gehen oft nicht von beobachteten Erscheinungen des Lebens aus, sondern sie argumentieren mit einer erstaunlichen Folgerichtigkeit, die in sich zu überzeugen scheint. Immer wieder beschäftige ich mich zu Hause meditativ mit dieser mir fremden, aber in sich stimmigen Art des Denkens. Bis mir deutlich wurde: Das war ja im 18. Jahrhundert die Art zu denken, die wir oft als die Philosophie der Aufklärung bezeichnen. So weit war ich gekommen. Da sprachen wir einmal im Unterricht über Träume, auch über die Möglichkeit, künftige Ereignisse vorauszuträumen. Es kam ganz unerwartet die Frage: Kann man auch über die Vergangenheit träumen, ich meine über eigene frühere Erdenleben? Ich hatte gar keine Zeit, mir eine Antwort zu überlegen, denn wie aus der Pistole geschossen kam die Antwort eines anderen Gesprächsteilnehmers: Ja. Ich habe vom Tod in meinem letzten Erdenleben geträumt. Paris. Französische Revolution. Ich gehe die Straße entlang, auch an die Kleidung kann ich mich erinnern, und da trifft mich eine Kugel. – Kein Widerspruch der anderen, die sonst so kritisch sind, und auch ich bin sprachlos, denn so massiv bringt das Leben selten eine Bestätigung dessen, was man in der Stille gefunden hat.

Diese kleine Erzählung eröffnet den Blick auf einen größeren Zusammenhang im Wirken des Schicksals. Eine Wiederverkörperung nach weniger als zweihundert Jahren, das ist eine zu kurze Zeit, um die Früchte eines Erdenlebens ganz verinnerlichen zu können. Und da das letzte Erdenleben noch nicht ganz umgeschmolzen und dem Wesen des Menschen eingeschmolzen ist, bleibt es leichter, auch in Einzelheiten, zu erinnern. Der Mensch kann an seine irdische, aber kaum an seine himmlische Vergangenheit anknüpfen. Die Intelligenz ist gebrauchsfertig angeboren, sie gibt Sicherheit, sie bindet aber auch, der Mensch hat es schwer, über sich selbst hinauszuwachsen. Schon als kleine Kinder wirken diese Menschen hellwach, weil sie die irdische Welt kennen, noch recht gut kennen.

Aber diese Kinder haben eine auffallende Schwäche, und die spüren sie auch: Sie sind oft blind für Menschen. Weil sie vor ihrer Geburt zu wenig offen und wach für Engel waren, zu wenig empfänglich für das Licht und für die Wärme, die von Engeln ausgehen, konnte der Blick der Engel zu wenig Freude auf das künftige Erdenleben wecken, und der Mensch stürzte in dieses Leben hinein.

Was im Himmel, im Zusammenleben mit Engeln nicht möglich war, für das Erdenleben zu reifen, Sehnsucht nach der neuen Aufgabe des Erdenlebens zu entwickeln, das kann, wenn es gut geht, auf der Erde zwischen Menschen nachgeholt werden – wenn Eltern und Erzieher nicht irgendein nettes, sondern dieses, genau dieses Kind wollen und lieben, wenn das Kind sich so, wie es ist, angenommen fühlt, wenn es Erwachsenen begegnet, die sich nicht hinter einer Maske verbergen, sondern sich offen zeigen, die von dem sprechen, was sie wirklich glauben, sodass, wie Max Frisch es sagt, der Geist aus seinem Dunkel tritt, weil es ihn gibt, im Himmel und auf der Erde.

Schicksal wurde bisher oft verstanden als dasjenige, was uns von außen entgegenkommt, als dasjenige, womit wir eben zurechtkommen müssen. Nein, Schicksal ist das, was sich zwischen uns bildet, was reift, woran wir zu dem werden, der wir sein können. Im Schicksal wirken Ich und Du zusammen, und auch unsere Engel sind beteiligt. Erziehung kann so verstanden werden, dass sie fortsetzt, was Engel uns vor unserer Geburt geschenkt haben, und dass sie nachholt, was zwischen Engeln und Ungeborenen nicht möglich war. Die erwartungsvollen Kinderaugen sehen uns wie Engel. Wagen wir also, wir selbst zu sein, lassen wir die Kinder, die im Himmel etwas versäumt haben, es auf Erden nachholen.

Das Schicksal
zwischen
Eltern und Kindern

«Mama komm herunter, ich habe einen Papa gefunden.»

«Wie, in aller Welt, komme ich wohl gerade zu diesem Kind?» Dieser Satz war mehrfach von einer Mutter zu hören, die sich sehr ein Kind gewünscht hatte, der es nun aber sehr schwerfiel, ihr Kind, ihr einziges Kind, so zu sehen und anzunehmen, wie es war. Die Ehe, das war nicht ihr großer Lebenstraum gewesen, aber ein Kind. Sie lebte mit dem Vater des Kindes zusammen, der eine gute Stellung in der Industrie hatte und der gut verdiente. Die Frau brauchte nicht zu arbeiten, konnte sich auch für den Haushalt manche Erleichterung leisten und hatte daher viel Zeit für ihr Kind, sie wollte zu Hause eine Welt aufbauen, die ganz «kindgerecht» war. Im Gespräch konnte man den Eindruck haben, die Frau genieße es, mit ihrem Kind selbst wieder ein bisschen Kind zu sein.

Die Beziehung zwischen Mutter und Kind war intensiv, doch brachte sie offenbar nicht das, was die Mutter sich erhofft hatte – und vielleicht auch nicht das, was das Kind suchte. Denken wir hundert bis zweihundert Jahre zurück, da war von den Lebenserwartungen der Kinder noch wenig die Rede, sondern die Kinder hatten sich möglichst früh und möglichst reibungslos in die Arbeitswelt einzuordnen und zum Lebensunterhalt der Familie beizutragen. Im 20. Jahrhundert, im «Jahrhundert des Kindes», wie Ellen Key es genannt hat, wendete sich das Blatt, man fragte nach dem, was die Kinder brauchen, um sich gesund entwickeln zu können. Die Welt um die Kinder sollte «kindgerecht» gestaltet werden. Bis wir heute wieder auf die veralteten Vorstellungen zurückgreifen, Kinder möglichst früh zu möglichst hohen intellektuellen Leistungen herauszufordern, die selbstverständlich messbar sein müssen und deren Maßstab auf den Schreibtischen der Kulturbürokratie allgemeingültig festgelegt wird.

Dem Menschen und seinem Schicksal wird dieser Maßstab nicht gerecht. Fragen wir doch einmal im Rückblick auf unsere eigene Kindheit und Jugend, wann und was wir am besten gelernt haben. Sicher nicht die am besten ausgeklügelten Lernprogramme, sondern diejenigen Inhalte, an denen wir am aktivsten beteiligt waren. Kinder lernen nicht da am besten, wo ihnen am meisten geboten wird, sondern da, wo sie am aktivsten sein können. Die fundamentale Frage der Erziehungswissenschaft lautet also nicht, welche Inhalte wann und wie zu vermitteln sind, sondern wie der Wille des Kindes zum Lernen am besten geweckt werden kann. Einfacher gesagt: Am besten lernt das Kind bei einem geliebten Lehrer.

Kinder kommen mit bestimmten Erwartungen, und sie sind glücklich, wenn diese Erwartungen in Erfüllung gehen. Kinder suchen nicht bloße Kenntnisse über die Welt und sie suchen nicht eine Welt, die künstlich für Kinder aufgebaut wird. Kinder suchen uns und unsere Welt, und sie suchen damit ihre eigene Zukunft. Die Mutter, wie gerade berichtet wurde, hat sich offenbar ihrem Kind nicht genügend als die Mutter gezeigt, die im Leben steht. Sie wollte mit ihrem Kind zusammen noch einmal Kind sein. Das Kind fand in seiner Mutter nicht die Welt, die es suchte. Die Mutter wurde dem Kind nicht genügend zum Schicksal. Und die Mutter fand in der Beziehung zu ihrem Kind nicht das, was sie sich erträumt hatte. Denn Kinder und Jugendliche suchen Eltern und Lehrer, die es wagen, erwachsen zu sein und sich als Erwachsene zu zeigen, die nicht Forderungen an die Kinder und Jugendlichen stellen, sondern die dasjenige Leben schon leben, auf das die Heranwachsenden zugehen und zugehen wollen. Wenn das gelingen soll, braucht der Lehrer einen großen Freiraum für seine Unterrichtsgestaltung und nicht immer weiter ausgearbeitete Vorschriften. Nur wenn der Lehrer sich als Mensch zeigt, kann er die Menschlichkeit in den Kindern wecken.

Wenn Kinder sich an Eltern oder Lehrern orientieren, wirken diese tief in das Leben der Kinder ein. Werden die Kinder damit nicht festgelegt? Sollten wir als Erwachsene uns nicht mehr zurückhalten und die Kinder frei lassen? Werden Kinder, die sich sehr an die Mutter anschließen, zu Muttersöhnchen? Die Erfahrung zeigt eher das Gegenteil. Wenn Kinder zu Hause das familiäre Leben haben, das sie brauchen, kann man oft bemerken, dass sie gerne und aktiv auf den Kindergarten zugehen. Der Mutter wird beim Abschied noch einmal liebevoll zugewinkt, und dann taucht das Kind gerne in das Spiel mit anderen Kindern ein, – um am Nachmittag in die Arme der Mutter zu springen und den Kindergarten sogleich hinter sich zu lassen.

Das Kind braucht die intensive und innige Beziehung zur Mutter, es will seinen Durst nach familiärem Leben stillen, und dann ist es offen für die Welt. Hingabe an geliebte Menschen macht das Kind frei und selbstständig. Kinder, deren Durst nach Mutter-Kind-Beziehung nicht gestillt wurde, werden unselbstständig. Und Kinder suchen solch nahe Beziehung, wo immer sie zu haben ist. Wie oft ist es mir passiert, dass ich, wenn ich Praktikanten im Kindergarten besuchte und eine Weile auch mit den Kindern spielte, auf einmal mit «Papa» angeredet wurde – oder auch mit «Mama». Obwohl doch jedes Kind sehen kann, dass ich keine Mama bin. Aber die Kinder haben hier nicht ein optisches Problem, sondern sie wollen sagen: Die Erwartung, die ich auf Papa oder auf Mama habe, die erfüllst du im Augenblick.

Kinder suchen uns und sie sind zufrieden, wenn sie in uns finden, was sie mit den Worten Mutter, Vater, Tante, Patenonkel verbinden. Eine junge Mutter hat sich von dem Vater ihres Kindes getrennt und lebt nun allein mit ihrem Kind. Nach einiger Zeit taucht Onkel Friedrich auf, ein netter Mann, der nicht nur nett zu der jungen Frau ist, sondern auch nett zu dem Kind. «Onkel Friedrich, spielst du heute wieder mit mir? … Onkel Friedrich, baust du wieder den Bauernhof auf? … Onkel Friedrich, hier ist die Kuh … Papa, die Gänse wollen auch einen Stall haben.» Die Mutter hatte selbstverständlich dem Kind nicht nahegelegt, den netten Onkel mal mit «Papa» anzureden. So etwas könnte schiefgehen. Sondern das Kind hat unvermerkt gezeigt, dass Onkel Friedrich nicht einer von mehreren Onkeln ist, sondern der, den es sucht, der Papa. Auf diese unwillkürliche Wortwendung des Kindes sollten wir achten, wenn wir wissen wollen, wann es an der Zeit ist, ihn wirklich Papa werden zu lassen.

Was hier unvermerkt geschehen ist, kann sich viel bewusster vollziehen. Die vierjährige Cornelia hat eine liebe Mutter und hätte gern einen ebenso lieben Vater. Aber woher? Sie geht oft auf die Straße vor der Wohnung und schaut den Männern nach, die da vorbeigehen, schnell und geschäftig, Männer, aber keine Väter. Eines Tages kommt Cornelia ganz aufgeregt aus der Nebenstraße zurück. «Mama, komm herunter, ich habe einen Papa gefunden.» Merkwürdige Situation für die junge Frau. Aber eine so gute Mama wird ja auch mit schwierigen Situationen fertig. Es geht um die Ecke zum Schaufenster eines Textilgeschäftes. Da ist eine Schaufensterpuppe, die Zeit hat, keine Eile, sondern Zeit, und die unentwegt freundlich lächelt. Schade, dass die Schaufensterpuppe nicht mitkommt, so müssen wir leider ohne Papa weiterleben.

Was ist in dem vierjährigen Kind geschehen, als es den «Papa» entdeckte? Das Kind trug in sich ein «Suchbild», nicht ein fertig ausgeformtes Bild, sondern eine Bildtendenz, einen bestimmten Zugriff – wie eine Handbewegung, die eben zum Zeichnen ansetzt, die Form schon in sich trägt, aber noch nicht einen einzigen Strich zu Papier gebracht hat, die erst zeichnen möchte. Wenn wir einem Menschen begegnen, so haben wir allerdings nicht eine weiße Papierfläche vor uns, sondern ein geformtes Gesicht, und meistens passt der innere Griff, unsere Suchbewegung nicht zu dem Bild da draußen. Cornelia hatte vielen Männern nachgeschaut, die waren aber alle in Eile. Der innere Zugriff passte nicht auf diese Gestalten. Bis nun die Puppe im Schaufenster mitspielte.

Was wir an dem vierjährigen Kind wahrnehmen können, das geschieht bei uns allen, wenn wir dem Menschen begegnen, den wir gesucht haben. Wir suchen – wen eigentlich? Wir suchen – und können gar nicht genau beschreiben, wen. Und doch, wenn wir dem oder der Gesuchten begegnen, hören wir deutlich den Klick. Nicht bei jemandem mit etwa den erhofften Eigenschaften, sondern genau bei diesem Menschen. Alle ähnlichen lassen wir vorbeigehen wie Cornelia, die Männer auf der Straße, die nicht Papa werden können. – Du! Genau du! Unser suchender Griff passt sich diesem Menschen an, diesem einen und keinem ähnlichen. Und das merken wir vielleicht ganz schnell. Schneller als dass uns der passende Text für eine Zeitungsanzeige in der Rubrik «Bekanntschaften Hallo» einfallen würde.

Wo haben wir den suchenden Griff unseres Blickes denn eingeübt? Das kann doch wohl nur da geschehen, wo wir diesen gemeinten Menschen neben uns haben. Dem wir jetzt zum ersten Mal begegnen. Aber wir erkennen den gesuchten Menschen wieder, wir kennen ihn schon. Woher? Aus einem Zusammenleben vor der Geburt. Oder woher sonst? Plötzlich ragt diese Welt vor der Geburt in unser Leben herein. Und da sind wir glücklich. Wie wir auch glücklich sind im Blick auf kleine Kinder, besonders auf unsere kleinen Kinder, weil diese Welt vor der Geburt wieder auftaucht – aus der wir kommen, in die wir gehen. Die Welt eines warmen Lichtes, die Welt der Engel.

Wir suchen bestimmte Menschen, vielleicht ganz besonders diesen einen Menschen. Eine Frau bittet um einen Rat, um eine kurze Stellungnahme. Sie ist fast schon entschlossen, sich scheiden zu lassen – wenn sie nur einen Teil ihrer Kinder mitnehmen kann. Einen Teil ihrer Kinder … Erstaunliche Worte im Munde einer Mutter. Da gibt es ja wohl ein tiefer liegendes Problem. Die Frau hat vier Kinder, alle schon im Schulalter. Zwei dieser Kinder möchte sie mitnehmen, die beiden anderen würde sie dem Mann überlassen. «Wem sehen die beiden Kinder, die Sie mitnehmen wollen, ähnlicher, Ihnen oder Ihrem Mann?» – «Mir.» – «Als Sie schwanger waren, haben Sie von den erwarteten Kindern geträumt?» – «Von zweien.» – «Und zwar …?» – «Von denen, die ich heute mitnehmen will.» Die Antworten sind so bestimmt und so sicher, dass man gar nicht weiter zu fragen braucht. Unter den vier Kindern haben zwei vor allem die Mutter, zwei vor allem den Vater gesucht. Feinfühlige werdende Mütter können das vielleicht schon zu Beginn der Schwangerschaft wahrnehmen. Sie sehen, wenn sie still sind, plötzlich ein Kind vor sich, vielleicht in einem Lichtschein, und sie wissen: Das ist mein Kind. Oder sie hören den Namen, den dieses Kind haben will. Ja, schon jetzt bei Beginn der Schwangerschaft einen Mädchen- oder einen Jungennamen. Es ist mir auch begegnet, dass die werdende Mutter ganz eindeutig einen Jungennamen gehört hatte und nach der Geburt kaum glauben konnte – dass es ein Mädchen war. Was also sind solche Stimmen oder Bilder wert? Schaute man sich dieses Mädchen dann im Schulalter an: Das war ein Super-Junge. Die «Ehre» der feinfühligen Mutter ist gerettet.

Zu Beginn der Schwangerschaft kann nicht nur der Name des Kindes gehört, das Bild des Kindes gesehen werden, es kann sich auch etwas vom künftigen Schicksal des Kindes zeigen. Vor allem bei Kindern, die früh sterben. Solche Ahnungen werden später oft beiseite geschoben oder sogar vergessen – obwohl sie deutlich und eindeutig waren. Obwohl die werdende Mutter im Traum ein totes Kind vor sich liegen sah und wusste: Das ist mein Kind, das Kind, das ich jetzt erwarte. Und doch wurde das Bild vergessen, bis es nach dem Tod des Kindes wieder auftauchte. Im Gespräch mit trauernden Eltern ist es wichtig, solche Ahnungen aufzusuchen und ernst zu nehmen, denn sie zeigen, dass dieser frühe Tod im Schicksal lag und gar nicht zu verhindern war.

Doch zurück zu der Frau, die sich scheiden lassen will. Hier zeigen die Kinder deutlich, wen sie vor allem gesucht haben: Mutter oder Vater. Da gibt es ein altes und ein allmählich beginnendes, ein neues Schicksal. Im Ineinandergreifen dieser beiden Schicksalsströme hätte Familie sich bilden können. Aber das ist nicht gelungen. Ein neues, ein beginnendes Schicksal kann sehr schön sein, es hat zwar noch nicht eine tragende Kraft, aber auch noch keine Last. Neues Schicksal fordert dazu auf, dem anderen entgegenzugehen, ja zu ihm zu sagen. Aber ist das so schwer, wo wir doch Kind oder Mutter suchen? Es ist nur schwierig, wenn wir uns festgelegte Vorstellungen machen, wie Kinder oder Eltern sein sollen. Solche Vorstellungen sind wirklichkeitsfremd, denn «die Kinder» gibt es gar nicht und «die Eltern» auch nicht.

Eine starke innere Beziehung zwischen Eltern und Kindern kann sich manchmal in Träumen aussprechen. Einige Jahre nach dem Tod meines Vaters hatte ich folgenden Traum: Mein Vater, im Traum ein rüstiger Mann im mittleren Lebensalter (er ist als Mittachtziger gestorben) und ich, im Traum ein Jugendlicher, wandern über eine Hochebene. Der Landschaftscharakter ist ähnlich wie im norwegischen Hochgebirge, der Himmel bedeckt, das Licht und die Stimmung wie beginnende Abenddämmerung. Wir wandern und suchen einen Weg zum Abstieg von der Hochebene. Mein Vater geht voraus und bleibt plötzlich stehen an einer Stelle, die den Blick in die Tiefe eröffnet, etwa so wie die Hochebene sich plötzlich öffnet zum Fjord, zum Meer. Mein Vater tritt an den Rand des Felsens, und ich höre noch deutlich seine Worte: «Das ist nicht nur schön, das ist die Schönheit selbst.» Er setzt sich eine rote Kappe auf den Kopf und springt kopfüber in die Tiefe. Im Traum weiß ich, er ist mir vorausgesprungen, ich aber muss noch eine Weile warten. Im Traum blicke auch ich schon in die Tiefe, nicht von der Kante des Felsens, sondern ein paar Schritte noch entfernt, aber auch ich sehe schon die wunderschöne, lichte Landschaft dort unten.

Im Traum tauchen andere Familienmitglieder nicht auf, auch nicht der Zwillingsbruder meines Vaters, der im Ersten Weltkrieg gefallen ist und mit dem mein Vater sehr eng verbunden war. Denn es ging in diesem Traum nur um die Schicksalsbeziehung zwischen meinem Vater und mir, alles andere war beiseite geschoben. In Träumen sind Verstorbene oft deutlich jünger als vor dem Tod – und dann handelt es sich wohl nicht um bloße Erinnerungsträume, sondern diese Träume spiegeln die Begegnung des Träumers mit dem Toten während der vergangenen Nacht, während des traumlosen Tiefschlafs. Bilder solcher Träume knüpfen oft an die Wirklichkeit des Lebens an: Mein Vater ist gern gewandert, ich auch, auch wir beide manchmal zusammen, wenn auch nicht in Norwegen. Aber ich war gern im norwegischen Hochgebirge und hatte zweimal den wunderbaren Blick von der Oslo-Bergen-Bahn in die Fjordlandschaft. Wahrträume benutzen gern Symbolbilder, auch wenn diese am Tag kaum vorkamen.

Geboren-Werden bedeutet: sich mit dem Blut verbinden. Rotkäppchen im Märchen hat ein durchblutetes, ein seelenvolles Denken. Ich kann mich nicht erinnern, im

Nachdenken über Märchen das Rotkäppchen-Bild jemals auf die Geburt des Menschen bezogen zu haben. Aber das geschieht in bedeutenden Träumen öfters, dass sie neue Inhalte bringen, die sogleich einleuchten, sodass Bekanntes transparent wird für einen neuen Gehalt.

Welch ein schöner Abschiedstraum, wenn ein Verstorbener einen Hinterbliebenen daran erinnert, dass man den Weg in Richtung Erde ein Stück gemeinsam gegangen ist. Wie auch ein Ungeborener die werdende Mutter daran erinnern kann: Wir haben uns gesucht. – Ein fünfzehnjähriges Mädchen wird schwanger, die Familie ist entsetzt und verlangt die Abtreibung. Das Mädchen wehrt sich, muss aber schließlich dem Druck der Familie nachgeben. Es wird in der Klinik ein Termin für die Abtreibung vereinbart. Am Morgen dieses Tages erklärt das Mädchen: «Ich kann nicht abtreiben lassen, ich habe diese Nacht von dem Kind geträumt.» Als ich Jahre später einmal dieses Kind auf dem Schoß sitzen hatte, dachte ich: Was doch ein ungeborenes Kind schon alles bemerkt, und wie geschickt es sein kann, die Mutter von dem abzubringen, was sie – nicht wirklich – vorhat. Welche Weisheiten werden sich uns wohl noch erschließen, wenn wir besser lernen, mit dem Herzen zu hören?

Die Schicksalsbeziehung zwischen Eltern und Kindern erschöpft sich nicht mit der Aufgabe, den Kindern den Weg in die Welt zu eröffnen. Es gehört auch zur Selbstfindung der Kinder, dass die Erwachsenen sich infrage stellen lassen. In den ersten Wochen meiner Lehrertätigkeit stand ich einmal auf dem Schulhof im Gespräch mit einer Mutter. In der entferntesten Ecke des Hofes stand die Tochter und beobachtete aufmerksam jede unserer Bewegungen. Als die Mutter sich verabschiedet hatte, kam Fräulein Tochter mit ruhigen, festen Schritten quer über den Schulhof auf mich zu, baute sich mit verschränkten Armen, frontal vor mir auf und fragte: «Wie finden Sie meine Mutter?» Ich gebe zu, dass ich durch diese Frage überfordert war und möglicherweise auch heute überfordert wäre. Ich stammelte etwas wie «ganz nett» oder ähnliches. Die Neunjährige hörte sich das ungerührt an und antwortete kurz und bündig: «Na, ich finde sie komisch.» Was ich jetzt dachte, habe ich dem Kind lieber nicht erzählt: «Mädchen, das sehe ich genauso.» Denn dieser Satz wäre zu Hause sicher brühwarm aufgetischt worden. Es gehört zum gelingenden Eltern-Schicksal, im Umgang mit den Kindern selbst zu bemerken, wo man komisch ist. Wie es zum Kinder-Schicksal gehört, im Jugendalter die Eltern neu zu sehen. Der Schriftsteller Mark Twain hatte zu Beginn seines Jugendalters entdeckt, wie unwahrscheinlich dumm sein Vater war, um nach einigen Jahren überrascht zu bemerken, wie viel der alte Herr in kurzer Zeit doch hinzugelernt hatte.

Das gehörte zur Selbstfindung des Jugendlichen, zu entdecken, dass Eltern anders sind und sein dürfen als die Jugendlichen. Wie es zum Eltern-Schicksal gehört, Mutter und Vater zu bleiben und doch die Kinder frei zu lassen. Und welche Freude macht es dann den alternden Eltern, nicht vergessen zu werden. Denn wenn ich nicht vergessen bin, dann bin ich noch.

Das Eltern-Kind-Schicksal ist meistens nicht der Beginn einer Schicksalsbeziehung, sondern setzt oft eine zartere Beziehung fort, in der man Sehnsucht nacheinander entwickelt hat und sich nun intensiv und intim sucht. Oder es geht eine tief greifende Beziehung mit faustdicken Problemen voraus. Was sich dann vielleicht zeigt in einer Hass-Liebe-Beziehung zwischen Mutter und Tochter. – Und das Eltern-Kind-Schicksal setzt sich oft fort in andersartiger, oft gar nicht familiärer Beziehung, vielleicht so, dass man sich im ersten Augenblick der Wiederbegegnung schon recht nahe fühlt und sogleich versteht.

Glück und Leid
im Schicksal

Da ist der Quell des Glücks für die Zukunft, wo ich wage, ich selbst zu sein. Da ist der Quell des Leids für die Zukunft, wo ich mir selbst fremd bin.

Wie viel Glück kann ein Mensch vertragen? – So fragen wir vielleicht, wenn jemand immer wieder Glück hatte, ohne sich dafür anzustrengen, wenn er schließlich übermütig und leichtsinnig wurde und so ins Unglück stürzte. Verträgt der Mensch nur ein bestimmtes Maß an Glück? Und wie kommt es, dass manche Menschen, die das gar nicht verdient haben, die sogar richtige Gauner sind, immer wieder Glück haben, auf Kosten anderer, anständiger Menschen? Wenn die gewohnten Erklärungen – Zufall, Blindheit des Schicksals, unergründlicher Wille Gottes – nicht mehr befriedigen, dann weichen wir vielleicht auf die Ursache in einem früheren Erdenleben aus: Glück und Leid als Belohnung oder als Strafe für Taten in einem früheren Erdenleben zu sehen. Doch welchen Sinn sollen Lohn oder Strafe haben, wenn der Mensch gar nicht weiß, wofür?

Buddhisten erinnern immer wieder daran, dass sie das künftige Schicksal gar nicht als Folge der Taten sehen, sondern als Ergebnis der Gesinnung, die ein Mensch hat. Nicht dadurch verändere ich mein Schicksal, dass ich einem anderen Menschen helfe, sondern dadurch, dass ich es in liebevoller Gesinnung tue. Insbesondere, so betonen viele Buddhisten, bestimme die innere Haltung im Augenblick des Todes, unter welchen Bedingungen der Mensch sein nächstes Erdenleben beginnt. Wer in gelassener Haltung stirbt, den versetze diese Haltung an einen günstigen Ort für das nächste Leben. Wer in egozentrischer Haltung stirbt, den versetze diese Haltung an einen ungünstigen Ort im nächsten Leben. Der Buddhist glaubt also nicht, dass eine göttliche Macht ihm Glück oder Leid als Lohn oder Strafe für seine Taten zuteile, sondern dass es der Mensch selbst ist, der sich Glück oder Leid zubereitet.

Wer so denkt, sucht den Anfang des Schicksalswirkens nicht erst irgendwann nach dem Tod in der himmlischen Welt, sondern schon im Augenblick der Handlung selbst, in der guten oder schlechten Gesinnung, die mit der Handlung verbunden ist. Schicksal, so ist dann zu folgern, bildet sich, nicht nur in mir, sondern in meiner Beziehung zur Welt. Die Welt ist an der Entstehung des Schicksals beteiligt, bereits dadurch, dass sie mein Handeln annimmt oder nicht, sodass, wenn, losgelöst von mir, meine Handlung fortwirkt und dadurch ein Stück Welt eine besondere Beziehung zu mir hat, eine glückliche oder eine unglückliche. Es gibt Menschen, die passen einfach hinein in die Welt, und es gibt Menschen, die finden beim Anziehen des Mantels immer nicht den Ärmel. An dieser Beziehung zur Welt ist Schicksalswirken am sichersten zu beobachten.

Wie viel Glück also kann ein Mensch vertragen? Wer

so fragt, denkt oft zu sehr an die glücklichen Ereignisse, die dem Menschen von außen her begegnen. Was ohne mein Zutun mir jetzt als glückliches Ereignis begegnet, ist weniger als Lohn, sondern mehr als Aufgabe zu verstehen, als eine Chance für unser heutiges Leben. Es ist zwar unmöglich, alle solche Chancen voll zu nutzen, aber doch einige. Die Folge früherer guter Taten zeigt sich weniger in glücklichen Ereignissen, sondern mehr in einer bestimmten Verfassung der Persönlichkeit. Es gibt Menschen, die nennen wir einfach Glückspilze. Sie kommen immer genau dorthin, wo die Sonne scheint. Sie schlagen die Zeitung auf und blicken sofort auf die Stelle, an der ein schönes Ferienhaus angeboten wird. Sie finden den Arbeitsplatz mit den netten Kollegen. Sie gehen, entgegen ihrer Gewohnheit, von der Wohnungstür noch einmal zurück zu dem klingelnden Telefon und versäumen damit die Straßenbahn, die heute verunglückt. Zufall? Da denke ich immer nur an die Ereignisse, hier ist jedoch viel wichtiger, wie ich mich in den Verlauf der Ereignisse eingliedere. Es gibt eben Menschen, die passen in die Kleidung ihrer Lebensereignisse wie angegossen hinein, maßgeschneidert. Und es gibt Menschen, die ziehen eine elegante Kleidung an, sie haben gute Lebensverhältnisse und sehen darin aus wie eine komische Figur. Zufall? Nein, diese Menschen können anziehen, was sie wollen, das Leben sitzt nie. Das ist die Stelle, an der Schicksal spricht, nicht so sehr in den treffenden Ereignissen selbst.

Wie viel Leid kann ein Mensch ertragen? Es gibt Menschen, die am Leid zerbrochen sind: an der Trennung vom Lebenspartner, am Tod eines nahestehenden Menschen, am Verlust der Heimat. Nun kann man einwenden: Andere Menschen haben doch auch … ja, aber dieser Mensch ist zerbrochen. Und es gibt Menschen, die haben unvorstellbar gelitten, sind aber nicht zerbrochen, sondern gereift. Menschen, die am Leid gereift sind, können ausstrahlen. Sie können vielleicht trösten, mit ein paar ganz einfachen Worten, die aber den anderen Menschen erreichen und aufrichten können. Nicht der Inhalt der Worte tut das, sondern der sprechende Mensch. Diese ausstrahlende Kraft ist nicht einfach die Folge von Leid, sondern das Leid hat zu einer Wandlung geführt, zu einer Schicksalswirkung innerhalb dieses einen Erdenlebens. Der Mensch selbst ist ein anderer geworden und auch seine Beziehung zur Welt.

Das 20. Jahrhundert hat nicht nur viel Leid über viele Menschen gebracht, es hat auch eine Weisheit aus dem Leid entwickelt. Im Rückblick auf seine Zeit im Konzentrationslager schreibt der Wiener Psychiater Viktor E. Frankl: «Wenn Leben überhaupt einen Sinn hat, dann muss auch Leiden einen Sinn haben […] Hat dieses ganze Leiden, dieses Sterben rund um uns, einen Sinn? Denn wenn nicht, so hätte es letztlich auch gar keinen Sinn, das Lager zu überleben.» Nicht das Leiden selbst hat schon einen Sinn, sondern die Haltung, in der es getragen wird. «Nur wenige haben sich im Lager zu ihrer vollen inneren Freiheit bekannt und zur Verwirklichung jener inneren Werte aufschwingen können, die das Leiden ermöglicht. Aber wenn es auch nur ein Einziger gewesen wäre – er genügte als Zeuge dafür, dass der Mensch innerlich stärker sein kann als sein äußerliches Schicksal.»* Die innere Freiheit des Gefangenen im Lager? Hier ist doch alles von außen festgelegt. Mit der inneren Freiheit kann nicht die Möglichkeit gemeint sein, das Leben so oder so zu gestalten, sondern nur der Wille, *ich* selbst zu sein, mich einer unmenschlichen Welt als *Mensch* zu stellen. Wenn das gelingt, dann habe ich nicht nur etwas für mich erreicht, sondern ich habe die Welt verändert. Ich als Einzelner habe das erreicht. Ich werde zum Zeugen dessen, was mit dem *Menschen* von der Schöpfung her gemeint ist. Die Welt wartet darauf, dass wir in ihr *Menschen* werden, für uns und für die Natur. Indem wir am Leid reifen. Und im Glück ausstrahlen. Indem wir andere an uns teilhaben lassen.

Schicksal ist nicht nur und nicht in erster Linie eine

---

*   Viktor E. Frankl: *Trotzdem Ja zum Leben sagen. Ein Psychologe erlebt das Konzentrationslager*, München 6. Auflage 1994, S. 110.

Folge der Vergangenheit, sondern vor allem der Weg in die Zukunft. An einer anderen Stelle seines Buches nennt Viktor E. Frankl es «die kopernikanische Wende» im Verständnis des Schicksals, dass wir nicht mehr nach dem Sinn des Lebens für uns fragen, sondern «dass wir uns selbst als die Befragten erleben».* Befragt von wem? Wer fragt uns danach, wie menschlich wir als Menschen gewesen sind? Die Generationen unserer Kinder und Enkel? Die Ungeborenen, wenn wir ihnen nach unserem Tode begegnen? Die Engel? Gott? Wer auch immer – wenn wir uns nur als Befragte erleben, auf deren Antwort die Welt wartet. Damit wird das egozentrische Verständnis des Schicksals überwunden: Ich habe es so gut, wie ich es in meiner Vergangenheit verdient habe. Nein, Schicksal ist die Aufgabe, mehr und mehr Mensch zu werden, unter verschiedenartigen Bedingungen. Nicht nach etwas werden wir in unserem Schicksal gefragt, sondern nach uns. Die Antwort auf die Befragung durch das Schicksal kann daher nicht diese oder jene Handlung sein, sondern unsere Selbstfindung. *Ich* bin der Befragte, und nur *ich* kann antworten: Oder genauer gesagt: Im Antworten werde ich *ich*.

Schicksal meint meine Beziehung zur Welt, aber es meint auch meine Beziehung zu bestimmten einzelnen

---

* Viktor E. Frankl, *Trotzdem Ja zum Leben sagen*, S. 125.

Menschen. Da hatte ich früher eine so schöne und herzliche Beziehung zu einem Menschen, eine Freundschaft für das Leben, hatte ich gedacht. Und dann gab es ein Missverständnis. Ich kann gar nicht recht verstehen, weshalb. Und nicht, weshalb wir uns damals nicht ausgesprochen haben. Das war doch sonst gar kein Problem. Wir sind beide nicht aufeinander zugegangen, leider. Jeder blieb an seinem Platz stehen, und das hat uns immer weiter voneinander entfernt. Und wenn ich mich bemühe, objektiv zu sein, werde ich vielleicht sagen: Das und das habe ich damals falsch gemacht, das und das hat der andere nicht richtig gemacht. Und vielleicht werde ich gegeneinander abwägen, wer die größeren Fehler gemacht hat.

Im Alter bemerke ich nun, dass ich oft ganz anders frage: nicht danach, was ich falsch oder richtig gemacht habe, sondern was ich versäumt habe. Solange ich nach Richtig oder Falsch frage, blicke ich auf die Handlung. Wenn ich nach Versäumtem frage, blicke ich auf mich, auf den Handelnden. Ich sehe mich von außen. Das ist eine Blickwendung, die wir radikal im Tode vollziehen und die sich im Alter schon ankündigt.

Angst vor dem Tode, weil mir dann alles vorgehalten wird, was ich im Leben falsch gemacht habe? Nein. Anderen ihre Fehler vorzuhalten und sich dabei recht erhaben zu fühlen, das gibt es auf der Erde, leider. Aber die Erde lassen wir im Tode hinter uns. Den anderen das Sünden-register vorzuhalten, das gibt es im Himmel nicht mehr. Da schauen wir gar nicht auf unsere Taten, sondern wir schauen auf uns, wie wir im Leben waren. Denn ehe wir mit Engeln umgehen können, müssen wir lernen, uns zu sehen, wie wir im Leben waren. Hier beginnt der Weg zu uns selbst, zu demjenigen, der wir sein wollen. Und hier beginnt Schicksal.

Dieses nachtodliche Erlebnis kann vorausgenommen werden. Und das ist mir nicht selten schon bei jüngeren Menschen begegnet. Sie sitzen hier und überlegen, was sie tun wollen. Plötzlich bemerken sie, dass da jemand neben ihnen steht, der sie auch sind, jemand der ihnen sagen will, was *sie wollen*. Wir können das eine tun oder das andere. Diesen Spielraum haben wir im Leben. Im einen Fall folgen wir den Wünschen aus dem Alltag, im anderen Fall sind wir im Einklang mit *uns selbst*. Dann ist doch wohl klar, was ich tun werde? Keineswegs. Es ist schon nach dem Tode nicht leicht, ich selbst zu werden. Auf den, der ich war, hinzublicken und ihn anzuerkennen. Denn der, der ich war, ist meinem wahren Ich doch recht fremd. Und Schicksal beginnt damit, dass diese Fremdheit aufgehoben wird, dass ich lerne, zu dem zu stehen, der ich während der Jahrzehnte des Lebens war. Wie es während des Lebens leicht ist, den Wünschen des Alltags zu folgen, aber schwer, den zu sehen und auf den zu lauschen, der ich wirklich bin. Da ist der Quell des Glücks für die Zukunft, wo ich wage, ich selbst zu sein. Da ist der Quell des Leids für die Zukunft, wo ich mir selbst fremd bin. Denn aus dem Einklang mit mir selbst wird der Einklang mit der Welt, aus dem Missklang mit mir selbst wird der Missklang mit der Welt. Das zeigt sich im nächsten Erdenleben daran, dass manche Menschen, die Glückspilze, einfach in die Lebensverhältnisse hereinpassen wie in eine gut sitzende Kleidung und andere Menschen, die Pechvögel, ungeschickt sind beim Aufgreifen auch recht günstiger Chancen im Leben.

Einklang mit mir selbst – damit ist gewiss nicht die Selbstzufriedenheit gemeint. Nach dem Tode bin ich im Einklang mit mir selbst, wenn ich, von außen her, auf denjenigen hinblicke, der ich im Erdenleben war, und wenn ich die innere Haltung, die ich damals hatte, bejahen kann. Wenn ich zu ihr jedoch nicht Ja sagen kann, schafft das einen Missklang innerhalb des eigenen Wesens, der zur Disharmonie mit der Welt im nächsten Leben wird. Diese Beurteilung ist also individuell und sie richtet sich nicht auf die Handlung, sondern auf den Menschen selbst, auf dessen innere Haltung. Um das an einem groben Beispiel zu verdeutlichen: Der Zahnarzt wird nach dem Tode nicht von seinen tausend Patienten gequält, und das wird er auch nicht im nächsten Leben. Aber ob er rücksichtsvoll, sorgfältig, verantwortungsbewusst war, als er sich mit dem Bohrer in der Hand den Patienten zuwandte, das erlebt er, und das wirkt schicksalsbildend. Das begründet Glück oder Leid im Schicksal.

Dieses nachtodliche Erlebnis ist uns während des Erdenlebens gar nicht so fernliegend. Ich habe heute nicht so gelebt, wie ich eigentlich wollte. Wenn ich nun in der nächsten Nacht, tief schlafend, zurückblicke auf den, der ich heute gewesen bin, so müsste ich ganz niedergeschlagen aufwachen. Und das geschieht ja auch oft genug. Es kann aber etwas ganz anderes eintreten: Am nächsten Morgen wache ich auf mit dem Willen und mit der Kraft, am neuen Tag etwas ganz besonders gut zu machen. Woher dieser Wille kommt, das weiß ich nach dem Aufwachen nicht mehr, das bleibt hinter dem Schleier der Nacht zurück. Aber der moralische Gegenstoß, der Wille zum Ausgleich der schlechten Seelenverfassung am Vortag, der wird bewusst. So kann der Mensch auch in das neue Erdenleben eine moralische Willensrichtung mitbringen, deren Ursprung verborgen ist und vielleicht auch gerne verborgen bleiben will – bis der Mensch den Ausgleich geschaffen hat. Sogenannte «Rückführungen» in frühere Erdenleben wollen oft die früheren Fehler, die früheren Fehlhandlungen erinnerbar machen und dann aus diesem Wissen zu einem Schicksalsausgleich führen. Schicksal aber entspringt nicht in den früheren Taten des Menschen, sondern in dessen innerer Haltung. Und die will gewandelt werden. Dazu brauche ich Ehrlichkeit mir selbst gegenüber und nicht das Wissen um etwas, was ich früher getan habe.

Wie viel Glück, wie viel Leid kann der Mensch, darf der Mensch, muss der Mensch vertragen? So viel, wie er als Aufforderung versteht, ganz *er selbst* zu werden. So werden Glück und Leid als Aufgabe für die Zukunft gesehen, nicht oder jedenfalls nicht in erster Linie als Folge der Vergangenheit. Wer auf das unermessliche Leid hinschaut, das Menschen während des 20. Jahrhunderts ertragen haben, und wer nicht seinen Kopf, sondern sein Herz nach dem Sinn dieser Leiden fragt, der kann ja in ihnen sicher nicht den Ausgleich der früheren Fehler sehen. Was müssten denn das in einem früheren Erdenleben für Menschen gewesen sein, die heute zu Tode gefoltert werden! Nein, das kann nicht behaupten, wer mit wachem Herzen auf die Wirklichkeit schaut. Ebenso falsch wäre es, im heutigen Leid den Anspruch auf späteres Glück zu sehen. Die frühchristlichen Märtyrer wurden nicht zu «Glückspilzen» in ihrem nächsten Leben, und sicher werden das auch nicht die heutigen Märtyrer der Menschlichkeit. Getragenes Leid wird nicht zum Glück, sondern zur Kraft im künftigen Schicksal.

Eine gute Kraft, die nicht zum eigenen Nutzen, sondern für die Welt eingesetzt wird, schafft erst die Harmonie zwischen Mensch und Welt, die dann die Grundlage für das Glück sein kann. Ein Märchen kann uns lehren, hier noch genauer zu sehen. Das fleißige Mädchen kommt nach dem Tod zu den drei Männlein im Wald. Und weil es freundlich und eben fleißig ist, kehrt es den Schnee hinter dem Haus beiseite, und unter dem Schnee kommen die Erdbeeren, die Früchte des Erdenlebens, zutage. Als das Mädchen zu den ihren auf der Erde zurückkehrt, wird es von den drei Segenswünschen der drei Männlein im Wald, die man früher, in vorchristlicher Zeit, die Nornen, die Schicksalsgöttinnen genannt hat, begleitet: dass es jeden Tag schöner wird, dass ihm bei jedem Wort ein Goldstück aus dem Munde springt und dass ein König kommt und es heiratet. Das ist es, was uns der Himmel schenkt, wenn wir fleißig für die Erde gearbeitet haben: dass wir jeden Tag schöner, menschlicher werden, dass unsere Worte und unsere Gedanken Gold wert sind. Und schließlich, dass ein glückliches Schicksal uns entgegenkommt. So oder so bringt der Fleiß Früchte, oder alle drei Geschenke werden gleichzeitig gegeben, wie dem fleißigen Mädchen in unserem Märchen.

Wunden im Schicksal heilen – Schuld und Verzeihung

Es geht darum, künftig als Mensch zu handeln, wo ich als Mensch gefragt bin.

«Bin ich als Tochter verpflichtet, meinen Vater zu pflegen, wenn er im Sterben liegt?» Man kann aus dieser Frage fast schon heraushören, um welches Problem es geht. Aber es ist ja viel besser, wenn die Frau, die um das Gespräch gebeten hatte, das selbst ausspricht. Bis jetzt hat sie ja noch nichts über sich selbst gesagt, obwohl der Ernst der Frage schon vieles deutlich macht. Aber noch kann sie abspüren, ob sie den nächsten Schritt gehen will. «Ich kann das nicht, ich will meinen Vater nicht noch einmal sehen.» Nun kommt es darauf an, so offen, so gut zuzuhören, dass das Unaussprechliche aussprechbar wird. Denn es geht nicht darum, wozu eine Tochter, jede Tochter verpflichtet ist, es geht um diese Frau, um deren Lebenssituation. «Als ich jung war, hat mich mein Vater sexuell missbraucht.» Nun ist es gesagt. Es ist zum ersten Mal ausgesprochen, was seit Jahrzehnten auf der Seele gelastet hat, was die Frau niemandem anvertrauen konnte oder wollte. Denn das war die Wunde ihres Lebens. Diese Wunde sollte nicht gesehen werden, aber sie konnte auch nicht heilen ohne Berührung mit der Welt. Ohne eine sehr zarte Berührung.

Jetzt ist eine gestellte Frage zu beantworten: «Bin ich als Tochter verpflichtet …?» Eltern dürfen mit Recht erwarten und hoffen, dass die Kinder sich um sie kümmern, wenn sie alt werden, wenn sie sterben. So wie die Eltern sich um die Kinder gekümmert haben, als die Kinder noch klein waren und Hilfe brauchten. Aber eine solche begründete Erwartung kann zerstört werden. Und das ist der Fall, wenn der Vater seine Tochter sexuell missbraucht. «Bin ich verpflichtet …?» Nein. Von einer moralischen Verpflichtung kann hier nicht mehr die Rede sein. Das muss klargestellt werden, denn danach war ja gefragt. Niemand kann von der Frau verlangen, dass sie den sterbenden oder den verstorbenen Vater noch einmal sehen oder gar berühren soll.

Was hat das Gespräch zwischen dieser Frau und mir, das gar nicht lange gedauert hat, gebracht? Viel. Denn sie war im Zweifel gewesen, ob sie ein moralisch schlechter Mensch ist, wenn sie ihren sterbenden Vater nicht pflegt. Dieser Zweifel an sich selbst war ihr genommen. Die Frau verabschiedete sich mit einem Dank dafür, dass sie sich hatte aussprechen können, und fügte hinzu: «Aber nach dem, was ich gesagt habe, werden wir uns nicht wiedersehen.» Nicht zufällig, sondern weil sie zu Vorträgen von mir kam, haben wir uns doch noch mehrfach gesehen. Die Aussprache ist also besser gegangen als erwartet. Das tat der Wunde gut, dass sie gesehen werden durfte, jedenfalls von einem einzigen Menschen. Wir haben aber nie wieder über dieses Thema gesprochen. Denn damit kann nicht ich beginnen.

Der Vater ist gegenüber seiner Tochter schuldig geworden. Kann die Tochter verzeihen? Nicht nur sagen: Wir ziehen einen Strich unter die Vergangenheit – sondern verzeihen? Verzeihung bedeutet, dass wir uns wieder offen in die Augen schauen können, und dafür muss erst eine trennende Mauer niedergerissen werden, eine Lebenslüge. Der Vater hat nicht ein Recht auf seine Tochter, weil er ihr Vater ist. Das kann vom Vater offen ausgesprochen werden, in Anwesenheit der Tochter. Wenn die heilende Kraft in das Schicksal eingreifen will, ist es wichtig, das Unrecht beim Namen zu nennen, und das kann gültig nur der Täter tun. Auch wenn alle es wissen, ist es wichtig, dass das in Worten gesagt wird.

Und wenn das Opfer gar nicht mehr lebt? Dann kann der Täter den ersten Schritt zur Heilung der menschlichen Beziehung gehen, indem er vor sich – oder besser: vor einem vertrauten Menschen – sich ausspricht, zu dem steht, was er getan hat. Nicht erst nach seinem Tode, sondern schon jetzt. Was auf der Erde geschieht, wirkt viel intensiver auf die irdische Existenz als das, was erst nach dem Tode geschieht. – Und wenn der Täter gar nicht mehr lebt? Dann ist es vielleicht leichter, Abstand zu nehmen. Vielleicht. Aber es gibt, auch wenn Verzeihung noch nicht möglich ist, einen Schritt in die Richtung der Heilung dieser menschlichen Beziehung. Einen Schritt, den das Opfer in aller Stille tun kann. Der verletzte Mensch kann auf irgendeinem Gebiet Achtung vor dem Täter entwickeln. Vielleicht noch gar nicht vor dessen menschlichen Qualitäten, vielleicht nur vor dessen beruflicher Leistung. Da geht der eine Mensch noch gar nicht auf den anderen zu, aber aus der Ferne kann er bereits Achtung vor der Arbeitsleistung entwickeln. Mehr ist vielleicht heute noch nicht möglich, aber immerhin dieser erste kleine Schritt kann getan werden. Schon im Leben, nicht erst nach dem Tode.

Auch wenn der Täter zu dem steht, was er getan hat, auch wenn er um Entschuldigung bittet, so gibt es nicht einen Anspruch auf Verzeihung. Die Verzeihung kommt aus dem Herzen des Geschädigten – oder auch nicht. Ich gebe zu, was ich getan habe, nicht um der Verzeihung willen, sondern um der Wahrheit willen.

Und wenn der Geschädigte nicht verzeihen will, nicht verzeihen kann? Dann kann die Wunde in unserer Beziehung noch nicht heilen. Aber dann bleibt sie nicht eine offene Wunde, die auf Heilung wartet, sondern sie verhärtet. Wenn die Tochter, die sexuell missbraucht worden ist, ihrem Vater nicht verzeihen will und nicht verzeihen kann, dann ist sie nicht nur damals verwundet worden, sondern dann setzt sich die Verwundung heute noch fort. Dann schädigt heute, nach Jahrzehnten, der Vater seine Tochter noch weiter. Und dann trifft man sich in einem späteren Erdenleben sicher wieder, wohl unter unerfreulichen

Bedingungen, denn eine nicht ausgeglichene emotionale Beziehung ist zwar ein Anziehungsband zwischen den betroffenen Menschen, doch trifft man sich oft unter ganz anderen Lebensbedingungen wieder, nicht als Vater und Tochter und auch nicht in umgewendeter Beziehung als Tochter und Vater. Deshalb ist der Ursprung des heutigen Problems oft nicht leicht zu erkennen.

Menschen, die auf den Tod zugehen, haben oft das Bedürfnis, die eine oder andere Erinnerung aus ihrem Leben, die bisher sorgfältig im Innern bewahrt wurde, vor einem vertrauten Menschen auszusprechen. Oder auch öffentlich. Da erzählt ein alter Mann, dass er während des Zweiten Weltkriegs einmal in einem Wald in Russland unterwegs war und plötzlich stehen neben einem Baum zwei russische Soldaten. Die sind zu zweit, er ist allein. Aber er hat einen Vorteil, er hat sein Gewehr schussbereit, die beiden Russen haben es über der Schulter hängen. Einer der beiden Russen zieht – nicht eine Pistole, sondern ein Familienfoto und zeigt es dem Deutschen. Der Deutsche schießt. Nach geltenden Moralbegriffen kann ihm niemand einen Vorwurf machen: Es ist Krieg. Wer nicht schnell genug an seine Verteidigung denkt, hat das oft mit dem Leben bezahlt. Der Soldat hat, unter den gegebenen Verhältnissen, richtig gehandelt. Aber jetzt, in der Nähe des Todes, bleibt diese Erinnerung nicht ruhig. «Diese

Sünde wird mir nicht vergeben», so empfindet es der alte Mann. Nicht dass er den anderen Russen erschossen hat, bedrückt ihn jetzt. Es war eben Krieg. Aber dass er der Frau ihren Mann, dass er den Kindern ihren Vater genommen hat, wissend – das lässt ihn nicht ruhig sterben. Hier war er als Mensch gefragt gewesen, und er hatte als Soldat geantwortet. «Diese Sünde wird mir nicht vergeben» – was mir vergeben oder nicht vergeben wird, das entscheiden glücklicherweise nicht Menschen. Aber der alte Mensch, der in Todesnähe empfindungsfähiger wird, versteht, dass Handlungen, dass Fehler während des Lebens verschiedene Qualitäten haben. Er hat beide Russen erschossen, und er hat während des Krieges vielleicht mehrfach getötet. Jetzt in der Nähe der Todesschwelle ist ihm Töten nicht gleich Töten. Nicht die Tat als solche ist es, die ihn belastet, wenn er nun selbst dem Tode naht, sondern seine innere Haltung, die Frage, ob er als Mensch der Lebenssituation gerecht geworden ist. Das ist es, was schicksalsbildend in die Zukunft wirkt. Was hätte er denn tun sollen? Die Frage ist falsch gestellt. Denn niemand kann sagen, was richtig gewesen wäre. Und erst recht konnte es damals niemand tun. Allein deshalb nicht, weil es diesen anderen damals gar nicht gab. Und was wir heute, auf dem Sofa sitzend, über die Situation denken, ist für den Augenblick damals im russischen Wald ganz unwichtig. Darum geht es dem ehemaligen deutschen Soldaten auch gar nicht. Sondern darum, dass er vom Leben als Mensch gefragt war und nicht als Mensch geantwortet hat. Das belastet. Und diese Last kann ein wenig erleichtert werden, wenn der Sterbende wenigstens innerhalb seiner Familie ausspricht, was ihn bedrückt.

Wiedergutmachung? Dass der damalige deutsche Soldat in einem künftigen Erdenleben den russischen Kindern einen Vater gibt und der Witwe einen Mann, das ist ja wohl kaum zu erwarten. Hier empfindet der Sterbende wirklichkeitsgerechter. Es geht darum, künftig als Mensch zu handeln, wo ich als Mensch gefragt bin. Vielleicht gegenüber ganz anderen Menschen, vielleicht in ganz andersartigen Situationen. Schicksal ist nicht die Rückzahlung von Schulden, wie die Bank das verlangt. Sondern Schicksal ist der Weg zu mir selbst. Und das ist das Problem dieses Sterbenden, dass er hier Soldat war und nicht er selbst. Das will er jetzt aussprechen und später ausgleichen.

Dieses Bedürfnis des Sterbenden, sich auszusprechen, sollte vielleicht noch tiefer hinterfragt werden. Dass die Mittel, die von der US-Army in Vietnam eingesetzt wurden, um das Land gegenüber der kommunistischen Bedrohung zu verteidigen, moralisch oft recht fragwürdig waren, das ist wohl jedem ehrlichen Amerikaner deutlich. Aber zuvor in Korea zu Beginn der 50er-Jahre, da war man doch wohl der starke große Bruder gewesen, der dem guten Südkorea zu Hilfe kam in seiner Not, als es vom kommunistischen Norden unterdrückt werden sollte. Und nun fangen amerikanische Veteranen des Korea-Krieges im Jahre 1999 an, vor ihrem Tode, zu sprechen. Ja, da vermuteten wir in einer Gruppe zusammengetriebener Koreaner, unter ihnen auch Frauen und Kinder, versteckte nordkoreanische Soldaten. Deshalb haben wir beim Massaker von No Gun Ri sie alle im Maschinengewehrfeuer niedergemäht. Weshalb muss, nach Jahrzehnten, das, was niemand in den USA hören will, ausgesprochen werden? Es ist nicht mehr zu ändern. Verantwortliche werden nicht mehr zu finden sein. Man stört damit doch das Ansehen der in Korea gefallenen amerikanischen Soldaten und die Erinnerung der Hinterbliebenen. Weshalb sprechen? Weil wir unsere nachtodliche Beziehung zur Erde stören, wenn wir ein unwahres Bild unseres Handelns zurücklassen. Und heute ist in hohem Maße diese Beziehung zwischen den Toten und der Erde belastet. Wie viele Politiker in allen Ländern haben eine Lüge über ihre Handlungen und ihre Motive zurückgelassen? Und wie wenige haben, rückblickend, ehrlich gesprochen? Am Frieden auf der Erde sind auch die Toten beteiligt, und deren Kraft kann nur ungehindert strömen, wenn sie nicht durch Lügen aufgehalten wird.

Deshalb ist es so wichtig, vor dem Tode noch zu sprechen – wenn auch nur im vertrauten Kreis der Familie. Nicht nur der Sterbende braucht das, es braucht das auch die Erde. Der Mensch kommt in der nachtodlichen Welt anders an, wenn er in ehrlicher Haltung Abschied genommen hat. Nicht von außen genötigt, sondern aus eigenem Willen.

Ich begegne einem Menschen, sicher zum ersten Mal, und doch habe ich das Gefühl: Wir haben etwas miteinander zu tun. Ich weiß nicht was. Ich weiß nicht woher. Ich weiß nicht, wie wir damals zueinander standen. Aber ich spüre, etwas ist da gewesen, etwas, was mir keine Ruhe lässt. Und ich habe das Bedürfnis, diesem Menschen etwas Gutes zu tun. Die Gelegenheit dazu bietet sich bald. Und als ich diesem Menschen geholfen habe, fühle ich mich wohler. Für diesen jüngeren Menschen hat die Hilfe wohl viel bedeutet, ich selbst habe mich gar nicht sehr anstrengen müssen. Die Beziehung war im ersten Augenblick schon sympathisch gewesen, nicht aufregend, aber doch ein bisschen herzlich, ich denke: von beiden Seiten. Und das blieb sie, auch als in späteren Jahren der äußere Kontakt aufhörte. Diese Sympathie war durch die Hilfe nicht stärker geworden, aber wacher. Und das ist charakteristisch für viele Schicksalsbeziehungen: Sie werden wacher und klarer, wenn sie ausgeglichen werden. Wenn man genau hinlauscht auf diese Art der Empfindungen, so lässt sich wohl abspüren, dass es in diesen Fällen nicht eine Schuld ist, die lastet, sondern dass das Gleichgewicht zwischen Geben und Nehmen in dieser menschlichen Beziehung wiederhergestellt werden wollte und wiederhergestellt wurde. Spekulationen über eine frühere Schuld gehen in solchen Fällen meistens in die Irre, ein aufmerksames Gefühl gibt hier meistens eine bessere Orientierung.

Das Gleichgewicht zwischen Geben und Nehmen ist nicht immer im Leben herzustellen. In der Kindheit, in der Krankheit, im Alter sind wir oft in hohem Maße auf andere angewiesen. Menschen mit Behinderungen vielleicht während des ganzen Lebens. Sie ermöglichen es dann den anderen, mehr zu geben als zu nehmen. Und das schafft für diese Menschen eine tiefere, eine glückliche Beziehung zur Welt. Das Gleichgewicht zwischen Geben und Nehmen ist das Grundphänomen des Schicksals, nicht Schuld und Sühne.

Nicht immer aber ist die Beziehung zwischen zwei Menschen so unbelastet und harmonisch wie in dem eben geschilderten Beispiel. Ein Mann in der Mitte seines Lebens ist dabei, eine Neuorientierung in seiner beruflichen Existenz zu finden. Er führt Gespräche mit verschiedenen Menschen, die ihm nahestehen. Entscheidend wurde die Hilfe durch einen wesentlich älteren

Herrn, den der Jüngere seit längeren Jahren kannte, dem er beruflich wie auch persönlich öfters begegnet war. Die beiden schätzten einander in ihrem beruflichen Engagement, in ihrer Zuverlässigkeit, in ihrer Leistung. Sympathisch waren sie sich nicht. Der Jüngere brauchte nur die Stimme des Älteren zu hören, so fühlte er sich schon unangenehm berührt. Wenn der Klang der Stimme auf einen anderen Menschen so intensiv wirkt, unabhängig vom Inhalt dessen, was gesagt wird, auch ohne dass die gehörte Stimme erinnert an einen früheren Lehrer, an eine Jugendfreundin oder an die Schwiegermutter – wenn allein der Klang der Stimme uns so tief berührt, sympathisch oder antipathisch, so macht das oft auf eine alte Schicksalsbeziehung aufmerksam.

In der hier geschilderten Situation kommt noch etwas hinzu, was für das Schicksalsverständnis wichtig ist. Der ältere Herr war durchaus nicht ein lebenspraktischer Mensch. An dieser Stelle aber hat er nicht für sich selbst, sondern für einen anderen nicht nur einen lebensklugen Rat gegeben, sondern auch den Weg zu dessen praktischer Verwirklichung geebnet, was gar nicht leicht war. Es ist also eine Situation, die sich deutlich aus der Biografie des älteren Herrn abhebt, die gar nicht aus dessen Wesen allein verständlich wird, sondern erst aus der Beziehung zu dem wesentlich jüngeren Mann. Hier war es für den

Älteren an der Zeit, etwas zu geben, was nicht in diesem jetzigen Leben begründet ist, und mit Fähigkeiten, die gar nicht in dieses Leben passen. Die Beziehung zwischen den beiden wurde durch diese Tat entlastet, aber noch nicht völlig harmonisiert. Es ist schon eindrucksvoll zu beobachten, wie diese Beziehung sich verändert, ohne über Was und Wie des früheren Schicksals zu spekulieren.

Im Schicksal gibt es oft keine Lasten abzutragen, sondern es geht vielleicht nur darum, in der Begegnung miteinander zu lernen, besser wir selbst zu werden. Ein Mann, schon weit in der zweiten Lebenshälfte stehend, ist reich an Erfahrung und sicher in seinem Urteil. Er wird oft und gerne um Rat gefragt, weil er sich gut in die Lebenssituation anderer Menschen hineindenken kann. Für sich selbst braucht er kaum einmal Rat und Hilfe durch andere Menschen. Er findet seinen Weg selbst. Andere Menschen, vor allem seine Frau, würden manchmal gerne in die Überlegungen dieses Mannes einbezogen werden, aber dieser Mann braucht eben keine Entscheidungshilfe. Nun kommt er in eine sehr enge, familiäre Beziehung zu einem Mann, der um eine ganze Generation jünger ist. Und erstaunlicherweise, der Ältere fragt immer wieder danach, wie der Jüngere dieses oder jenes Problem sieht. Gewiss, der Jüngere ist auch jemand, er ist bestimmt und sicher in seinen Aussagen und Entscheidungen und bewundert auch die

Ausgewogenheit und die Lebensreife des Älteren. Was ja nahelag. Dass aber der Ältere sich immer wieder an dem Jüngeren orientiert, während er sonst die Orientierung in sich selbst findet, das braucht eine Erklärung. Und die ist in diesem Leben nicht zu finden. Sondern der Ältere setzt offenbar eine innere Haltung fort, die er in einem früheren Leben hatte, als er selbst der Jüngere war und zu dem damals Älteren, heute Jüngeren, aufschaute. Ein wohl recht deutliches Beispiel dafür, wie Schicksalsmotive aus mehreren Erdenleben ineinandergreifen und sich ergänzen können – wobei es immer um das gleiche Ziel geht: in der Begegnung aneinander lernen, wir selbst zu werden. In der hier geschilderten Beziehung gibt es gar keine Last, die zu tragen, keine Schuld, die auszugleichen ist, sondern es geht in dieser schönen Beziehung nur um das zentrale Motiv des Schicksals überhaupt, um die Selbstfindung der Beteiligten, im Gleichgewicht von Geben und Nehmen. Und diese Beziehung war, so konnte man empfinden, noch nicht an ihrem Ende angekommen, sondern eröffnete den Blick auf eine schöne und harmonische Zukunft.

Sinn und Ziel der Wiederverkörperung

Gedanken aus

Asien und Europa

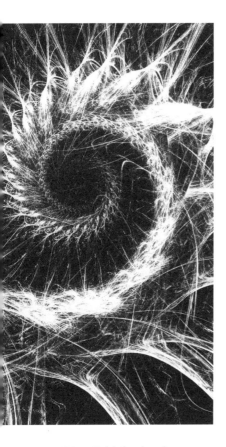

Wer Schicksal erkennen und verstehen will, muss zunächst vergessen, was er zum Thema schon weiß.

«Wiederverkörperung? – Bitte ohne mich. Ich habe genug vom jetzigen Leben. Und nun noch mal eines … nein danke.» Diese Ablehnung der Wiederverkörperung klingt recht emotional und ist es wohl auch. Und doch ist sie interessant, denn sie richtet sich nicht gegen die Vergangenheit, sondern auf die Zukunft. Ob ich früher schon einmal da war, das ist mir nicht wichtig, aber was nach dem Tode kommt, das geht mich an, das will ich wissen. Der Himmel? Gut, nur nicht noch einmal die Erde. Die Ablehnung künftiger Erdenleben und Erden-Aufgaben bei nicht wenigen Zeitgenossen ist sicher ernst zu nehmen.

Gehen wir einhundert Jahre zurück. Da war Wiederverkörperung kein Thema in der öffentlichen Diskussion. Doch der belgische Kardinal Mercier kommt in seinem Buch über *Psychologie* kurz auf das Thema zu sprechen. Er könne sich, so schreibt er, nicht an ein eigenes früheres Erdenleben erinnern, und er kenne auch niemanden, der das kann. Also will er den Gedanken der Wiederverkörperung nicht annehmen. Welch wohltuende Sachlichkeit! Keine Ablehnung aus dogmatischen Gründen, keine Stellungnahme zum Inhalt des Gedankens überhaupt, sondern, wenn wir den Kardinal wörtlich nehmen, die einfache Feststellung, dass dieser Inhalt in seinem Weltbild keinen Platz habe, weil die Lebenserfahrung ihn nicht nahelegt.[*]

[*] Kardinal D. Mercier: *Psychologie*, 2. Band, Kempten.

Wenn nun aber eine Erfahrung früherer Erdenleben auftritt, vielleicht sogar konkrete Erinnerungen? Dann ist das zwar noch kein Beweis für die Richtigkeit des Gespürten oder Geschauten, aber der Anlass, sich ernsthaft mit dem Thema zu beschäftigen, weil das Leben die Frage nach der Herkunft solcher Erinnerungen stellt. Dass konkrete Erinnerungen weithin fehlten, war durch lange Zeit ein Schwachpunkt in der Argumentation für Wiederverkörperung. Von dem griechischen Philosophen Pythagoras im 6. Jahrhundert vor Christus wird noch berichtet, er habe sich an mehrere frühere Erdenleben erinnern können, was schon damals eine seltene Ausnahme war. Auch in der asiatischen Kultur, in der Gedanken an frühere Erdenleben viel verbreiteter waren, fehlten oft die Erinnerungen. So kannte man die früheren Erdenleben der taoistischen Heiligen in China nur in engen esoterischen Kreisen, etwa in der «Sekte der fünf Reisscheffel», wo man die Aussagen, die Medien gemacht hatten, bewahrte. Die Aussagen von Medien sind ja wohl im Trancezustand gemacht worden, ohne dass die Medien diese Inhalte mit ihrem Wachbewusstsein verbinden konnten. Der Gedanke an Wiederverkörperung wurde also nicht ganz in das irdische Lebensgefühl einverwoben.

Haben diese Heiligen selbst ihre früheren Erdenleben gekannt? Wenn das der Fall war, dann haben sie darüber geschwiegen. Wie wissende Buddhisten auch heute darüber schweigen, wo der Maitreya Bodhisatva, der künftige Buddha, sich bisher schon inkarniert hat. Dieses Schweigen schwächt zwar die Überzeugungskraft des Wiederverkörperungsgedankens, aber verzichtet auch auf einen Autoritätsanspruch. Der Mensch gilt nur so viel, wie die Leistungen in diesem Leben das rechtfertigen. Was ich früher geleistet habe, gehört nun der Welt, nicht mehr mir. Mich auf Leistungen in früheren Erdenleben zu berufen, wäre ein Missbrauch des Wissens vom Schicksal. Deshalb schweigen die Wissenden.

In seinen grundlegenden Darstellungen des Wiederverkörperungsgedankens, in seiner Schrift über *Die Erziehung des Menschengeschlechts* (1780) fragt Gotthold Ephraim Lessing, ob Wiederverkörperung denn unwahrscheinlich ist, weil es sich nicht lohne wiederzukommen. «Oder weil ich es vergesse, dass ich schon da gewesen? Wohl mir, dass ich es vergesse. Die Erinnerung meiner vorigen Zustände würde mir nur eine schlechten Gebrauch des gegenwärtigen zu machen erlauben. Und was ich auf jetzt vergessen muss, habe ich denn das auf ewig vergessen?» (§ 99) Diese Sätze klingen zunächst so, als ob sie nur ein Argument gegen den Wiederverkörperungsgedanken zurückweisen, doch sie habe einen tieferen Hintergrund. Ich kann besser ich selbst werden, wenn ich nichts von meinen früheren

Erdenleben weiß? Dieser Satz hat doch wohl nur dann einen Sinn, wenn die Ich-Kultur bei dem bewussten und verantwortlichen Ich beginnt – bei dem, der ich jetzt bin, bei dem, der vergisst, wer er war und wer er künftig sein will. Wer sich den Aufgaben des Tages zuwendet, blendet die Nachtseite seines Lebens aus, hoffentlich, obwohl er ohne sie nicht wach sein könnte. So verstanden, ist der Verlust des Wiederverkörperungsgedächtnisses die notwendige Begleiterscheinung der Ich-Kultur – bis der Mensch auf der Erde sich selbst gefunden hat, bis er als Erdenmensch so sicher geworden ist, dass er sein Bewusstsein wieder über die Grenzen des Erdenlebens ausdehnen kann.

«Was ich auf jetzt vergessen muss, habe ich denn das auf ewig vergessen?» Lessing war ein sorgfältiger und kritischer Denker. Woher seine Hoffnung, später wieder zu erinnern, was heute vergessen und durch den Tod doch wohl völlig ausgelöscht wurde? Es sei denn, ein anderer bewahrt dieses Wissen für mich. Mit diesem Satz kommt Lessing ganz nahe an das Erlebnis des Engels, der ständig im Bewusstsein hat, was ich bisher erlebt habe, in diesem und in früheren Erdenleben. Lessing kommt dem Verständnis des Engels sehr nahe, weil er eben in der Wirklichkeit denkt, aber das Weltbild des 18. Jahrhunderts hindert ihn doch an dem letzten Schritt zur Schicksalserkenntnis. Um diesen Schritt aber geht es heute.

Das neue Wiederverkörperungsgedächtnis beginnt bei einer Empfindung, die vielleicht nie ganz erloschen ist: Ich spüre, dass dieser Mensch, diese Landschaft, diese Geschichtsepoche mir von früher her vertraut sind, ich spüre, dass die Aufgabe, die hier auf mich zukommt, früher liegen geblieben ist, ich spüre, dass ich diese Fähigkeit aus früheren Erdenleben mitbringe. Eine Schriftstellerin des japanischen Mittelalters, die Hofdame Murasaki, erzählt, Prinz Genji habe einen der alten kultischen Tänze so wunderschön ausführen können, dass alle Menschen am Hofe zu Tränen gerührt waren und dass auch der Himmel diesen Tänzer beachtete und einen leichten Regen niedergehen ließ. Die Hofdame würde nun gerne wissen, welchen guten Taten in einem früheren Leben der Prinz es verdanke, dass er heute die Menschen so bezaubern könne.* Was heute geschieht, wird ihr transparent für das, was früher war. Hier wird nicht spekuliert, hier wird nicht behauptet, man habe frühere Erdenleben «geschaut», sondern hier werden zwei Qualitäten im heutigen Leben sorgfältig unterschieden: Was ist mir vertraut und was ist mir neu, sodass ich erst allmählich damit warm werden muss? Welche Inhalte sind meinem Wesen schon eingeschmolzen, von Engeln zwischen Tod und Wiedergeburt

---

* *Genji Monogatari. Die Geschichte vom Prinzen Genji*, Band 1, Zürich 1966, S. 221.

mir eingeschmolzen, sodass ich diese Inhalte gar nicht mehr *habe*, sondern dass ich sie *bin*? Und an welchen Inhalten arbeite ich noch, welche Inhalte des Seelenlebens habe ich, frei verfügbar und korrigierbar, sodass ich allmählich an ihnen wachse?

Was den Blick auf frühere Erdenleben angeht, so unterscheidet sich die Ausgangslage des modern denkenden Europäers nur wenig von derjenigen des modern denkenden Asiaten. Beide haben das alte Wiederverkörperungsgedächtnis verloren. Dass es frühere Erdenleben gegeben hat, ist heute für viele moderne Menschen in Ost und West denkbar. Alte und neue Schicksalsmotive zu beobachten und zu unterscheiden, das ist ein gangbarer Weg der Vorbereitung auf ein neues Wiederverkörperungsgedächtnis, für Asiaten wie für Europäer.

Im Blick zurück gibt es jedoch ein Thema, über das eine Verständigung wohl nicht leicht fallen wird. Dass ein gut oder ein weniger gut geführtes Erdenleben über das künftige Schicksal entscheidet, ist sicher allgemein bekannt. Was aber bringt der Mensch aus der Zeit zwischen Tod und Wiedergeburt mit? Wandelt er sich in dieser Zeit wie auch im Erdenleben? Tut er das aus eigener Kraft oder mit der Hilfe von Engeln? – In der asiatischen Tradition, etwa in dem tibetanischen Totenbuch, gibt es manche konkrete Aussagen über das Leben des Menschen zwischen Tod und Wiedergeburt. Diese Zeit wird oft recht knapp bemessen, vielleicht nur nach Tagen. Das steht in offenkundigem Widerspruch zu der antiken Auffassung, dass in der Regel tausend Jahre zwischen zwei Erdenleben liegen.

Nun wäre es leicht, sich der einen oder der anderen Auffassung anzuschließen. Dann gibt man dem Abgelehnten einfach Unrecht. So aber gibt es kein Gespräch zwischen Menschen aus verschiedenen Kulturen, keine die ganze Menschheit umfassende Kultur. Der kommen wir hoffentlich näher, wenn wir lernen, Überzeugungen einmal zurückzustellen und solche Fragen an das Leben zu stellen, die aus Betroffenheit hervorgehen. Ein uns nahestehender Mensch stirbt. Dein Leben war doch noch gar nicht vollendet! Was wird aus dem, was du begonnen hast? Wir beide haben uns viel bedeutet, aber wir haben uns noch nicht ganz ausgesprochen, es bleibt noch manches zu sagen – in einem nächsten Leben. Oder: Das war eine schöne Zeit, die wir miteinander hatten. Sie hat alles gebracht, was wir uns wünschen konnten. Schade, dass sie zu Ende ist. Aber sie ist vollendet. Echte Fragen, die am Leben entstehen, sind individuell. Denn wir fragen nicht nach etwas, wir fragen nach uns. Wir fragen nach dieser konkreten, einmaligen Beziehung. Und unser Gefühl am Sarg antwortet auf diese konkrete Frage, dieses Gefühl ist nicht auf andere Situationen übertragbar.

Ein Kind wird geboren. Was bringst du mit? Dein Blick verrät, dass du viel weißt, nur kannst du es nicht aussprechen. Und wenn du später sprechen kannst, dann hast du vergessen, was du jetzt sagen könntest. Das Wissen zieht sich zurück und die kindliche Offenheit und Fröhlichkeit tritt hervor. Weshalb wir ja Kinder so gerne haben. Aber wie anders ist der Neugeborene, verglichen mit dem sterbenden Alten. Eine solche Veränderung braucht doch Zeit. Wirklich nur ein paar Tage? Und wie verschieden sind Neugeborene! Manche ganz kindlich, weil ein früheres Leben wirklich «verdaut» ist, dem Menschen ganz eingeschmolzen. Manche tragen noch an einer Last, das spürt man ihnen an. Der Himmel hat nicht Zeit genug mit ihnen gehabt. Wenn wir uns wirklich auf die Kinder einlassen, wenn wir in sie hineinlauschen, dann fragen wir nicht allgemein: Was haben Menschen vor der Geburt erlebt? Sondern: Wo kommst du her, du? Echte Fragen, die nicht unser Kopf zurechtlegt, sondern die das Leben stellt, individuelle Fragen.

Wer Schicksal erkennen und verstehen will, muss zunächst vergessen, was er zum Thema schon weiß. Denn bloßes Wissen über die Welt trennt von der Wirklichkeit ab. Das Herz ist dem Schicksalsverständnis näher, das Herz spürt, ob hier eine vertraute oder eine neue Beziehung mich anrührt. Fragen lernen, das Leben selbst zur

Frage werden lassen. Warten, bis die Berührung mit dem Schicksal das Wissen in mir reifen lässt. Bis Schicksal in mir sich ausspricht. Sicher fragt jeder anders, aber wer sich auf den Weg macht, kann wohl auch den anderen verstehen, der seinen eigenen Weg geht.

Wenn es um die Erkenntnis früherer Erdenleben geht, ist eine Verständigung zwischen Menschen in Asien und Europa wohl möglich, wenn wir unterschiedliche Nuancen unseres Denkens tolerieren. Und wenn es um die Zukunft geht, um Sinn und Ziel unserer Wiederverkörperung?

Die Überlieferungen wohl aus allen Kulturkreisen sind sich einig darüber, dass am Anfang der Geschichte ein idealer, ein himmlischer, paradiesischer Zustand gewesen sei. Das widerspricht dem historischen Weltbild, das bis heute in den Schulen vermittelt wird und das von einem primitiven Zustand am Beginn der Geschichte ausgeht. Wer von einem primitiven Ursprung spricht, kann ja wohl nur stolz darauf hinblicken, wie weit wir es gebracht haben, und froh darüber sein, dass wir nicht früher gelebt haben, als es noch nicht die modernen Verkehrsmittel und Haushaltsgeräte gab. Aber ist der Ursprung der Menschheit tatsächlich in einer tiernahen Existenz zu suchen?

Wer das Paradies als Anfang der Geschichte sieht, einen Zustand, in dem es Alter, Krankheit und Tod noch nicht gab, keine Not, kein Leid, nicht Hass, Feindschaft und Krieg, wer unseren Ursprung im Himmel sieht, der wird wohl eine Sehnsucht nach diesem Zustand empfinden. Und dann liegt es nahe, sich eine Zukunft zu wünschen, die den ursprünglichen Zustand wiederherstellt. In diese Richtung denken die großen asiatischen Kulturen. Am Anfang lebte der Mensch in der Wahrheit, er dachte nicht über sie nach, sondern er lebte in ihr. Und dann hatte der Mensch den Wunsch, ein Eigenwesen zu sein. Er löste sich aus der Einheit der Welt, aus der Wahrheit, und er ging einen Weg von Erdenleben zu Erdenleben, bis er einsieht, dass dieser Weg der Vereinzelung ein Irrweg ist, und bis er den Wunsch entwickelt, sich wieder in die Einheit der Welt einzugliedern. Wenn ihm das gelingt, hört die Vereinzelung und es hören auch die Wiederverkörperungen auf. Die Welt kehrt zur Wahrheit des Ursprungs zurück.

Dass der paradiesische Mensch zum Einzelwesen, zum Erdenmenschen wird, ist hier also nicht der Wille Gottes, sondern der Wunsch des Menschen, der allerdings nicht durchschaute, worauf er sich einließ und was er verlieren würde, wenn er zum Einzelwesen wurde: die Wahrheit. Wenn es der Mensch war, der sich aus dem Paradies lösen wollte, so ist es folgerichtig zu denken, dass dieser Mensch auch den Weg zurück gehen kann. Auf einem Weg, der Meditation und religiöse Übung umfassen kann, der vielleicht heute beginnt und der nach mehreren, vielleicht nach vielen Erdenleben zum Ziele führen kann. Dieser Weg kann den Blick von der Sinneswahrnehmung abwenden, wie es mehr dem Inder entspricht, oder er kann durch die Sinneswahrnehmung hindurch in die Wahrheit führen, wie es mehr dem Chinesen entspricht, er überwindet jedenfalls die Vereinzelung des Menschen und verbindet ihn wiederum mit dem Ganzen der Welt.

Die jüdisch-christlich-islamischen Kulturen führen den Verlust des Paradieses nicht auf den Wunsch des Menschen, sondern auf den Willen Gottes zurück. Als Strafe für einen Ungehorsam der Menschen? Zweier Menschen damals? Deshalb straft Gott heute noch mich – dadurch dass ich in der schönen Natur leben darf? Wenn in der geistlichen Dichtung des 18. Jahrhunderts oft vom irdischen Jammertal die Rede war – sollte das ein Dank an den Schöpfer sein? Oder entspricht es dem Gedanken an einen gütigen, liebenden Gott nicht eher, dass er die Erde als Aufgabe des Menschen sieht?

Wer ernsthaft über Wiederverkörperung nachdenken will, muss sich zunächst von der Oberflächlichkeit verabschieden, am Sonntag vom paradiesischen Ursprung des Menschen zu sprechen und an den übrigen Tagen den «historischen Tatsachen» ihr Recht zu geben. Wer so trennt, nimmt weder das eine noch das andere ernst. Wer aber die hohe Stufe früher Kulturen beachtet, kann sich vielleicht entschließen, den Ursprung der einzelnen Kulturen in Himmelsnähe anzuerkennen und den Gedanken an den primitiven Ursprung zu verabschieden. So aufrichtig wie mein Verhältnis zur Geschichte ist, so aufrichtig bin ich auch mir selbst gegenüber. Wer das nicht spürt, dass es hier um den Kern seiner Existenz geht, für den sind auch Gedanken zur Wiederverkörperung der Beliebigkeit ausgeliefert.

Wer im Alter auf sein Leben zurückblickt, wird hoffentlich bemerken, dass er hier und dort ein Stück vorangekommen ist. Und er wird, hoffentlich, auch bemerken, dass ihm noch vieles fehlt, um der zu werden, der er sein könnte. Ist es nun zu spät oder habe ich noch künftige Leben, künftige Chancen, auf die ich mich in einer himmlischen Existenz vorbereiten kann? Künftige Erdenleben, nicht um die Lasten von heute fortzuschleppen, sondern um der zu werden, der ich im göttlichen Schöpferwort gemeint bin. Wiederverkörperung nicht um der Vergangenheit, sondern um der Zukunft willen. Weil ich gerne besser wäre als ich bin? Oder weil die Menschheit mich braucht und auf mich wartet, auf den, der ich sein kann, wenn ich ganz ich selbst werde, befreit von allem, was noch unecht an mir ist?

Als vor zweitausend Jahren der Mahayana-Buddhismus

sich entwickelte, wurde die Zielsetzung der Wiederverkörperungen neu gesehen. Bis dahin war man im Buddhismus davon überzeugt, dass nur jeder einzelne Mensch den Weg zur Erlösung gehen kann, zu seiner Erlösung. Und wenn ich an das Ende aller Erdenleben komme, bringt das für andere Menschen gar nichts. Denn jeder geht seinen eigenen Weg. Nun, im Mahayana-Buddhismus, ließen die Lehrer der Meditation ihre Schüler, ehe sie ihnen Rat und Hilfe gaben, ein Gelübde ablegen: die Fähigkeiten, die der Schüler in der Meditation gewinnen werde, nicht für die eigene Erlösung einzusetzen, sondern diese Erlösung nur zu suchen, wenn alle Menschen und auch alle Naturwesen mit erlöst werden. Ist das nicht ein christliches Motiv? Wird der Buddhismus hier christlich? Ein Buddhist wird mir vielleicht entgegnen: Wenn du so empfindest, wirst du aus einem Christen zum Buddhisten. Oder ist es vielleicht so, dass Buddha und Christus einander näher stehen, als viele Theologen das meinen?

War denn die Zuwendung an die Erde wirklich ein Schritt in die falsche Richtung? Oder haben wir noch nicht ernsthaft genug die Erde als unsere Aufgabe verstanden, an der wir wachsen und reifen können – sodass wir gar nicht zum Ursprung zurückkehren, weil wir selbst andere geworden sind? Menschen, die nicht, wie Darwin, das Leben der Natur als Kampf ums Dasein verstehen, und die Geschichte nicht, wie Huntington, als Kampf der Kulturen denken, sondern die das Leben auf der Erde als Einklang zwischen dem Einzelnen und dem All suchen: In diesem Sinne Mensch zu werden, das ist wohl nicht in einem einzigen Leben möglich. Nicht nur für uns, sondern vor allem für die Welt brauchen wir den Weg durch Wiederverkörperungen. In der Suche nach einer wirklich menschlichen Kultur können Asiaten und Europäer einander wohl näher kommen – nicht nur, was leichter ist, im Verständnis des Ursprungs, sondern im Blick auf die Zukunft der Menschheit.

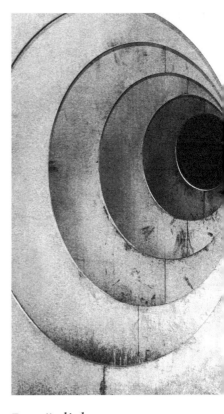

Persönliches
Schicksal
und Zeitschicksal

Indem der Mensch beginnt, das Wirken des Schicksals zu erkennen und zu gestalten, wird die Trennung von irdischem und himmlischem Dasein aufgehoben.

Dass ich die Folgen dessen zu tragen habe, was ich getan habe, das ist ja wohl einzusehen. Wohl auch, dass ich verantwortlich bin für dasjenige, was ich versäumt und unterlassen habe und was man doch mit Recht von mir erwarten durfte. Eine Hilfe für einen Menschen in großer Not nicht zu leisten, wenn ich dazu in der Lage gewesen wäre, das kann sogar vor Gericht bestraft werden. Aber umfassender: Den eigenen Kindern nicht die Aufmerksamkeit, die Geduld, die Liebe zuzuwenden, die sie verdient haben, das schafft ein unglückliches Schicksal, das auf mich zukommt, in diesem oder in einem späteren Erdenleben. Doch nicht nur der Ehepartner, die Kinder, die alternden Eltern haben berechtigte Erwartungen an mich, sondern Menschen in einem größeren Umkreis: diese einsame ältere Frau in der Nachbarschaft, die sich über ein paar freundliche Worte so sehr freut, der Straßenkehrer, dem sonst kaum jemand gute Weihnachten wünscht, die nette Verkäuferin, die neben der Bezahlung auch gerne einmal eine Anerkennung hört … Das ist mein persönlicher Lebenskreis, der vielleicht nicht viel Zeit, aber doch ein wenig Menschlichkeit braucht. Mit der Aufmerksamkeit auf den Umkreis verändert sich ein kleines Stück Welt.

«Sehe ich ein, ich will mich bemühen, künftig etwas mehr auf andere Menschen zuzugehen – nur bitte nicht auf Tante Frieda.» Es gibt Beziehungen zwischen Menschen, die sind so belastet, dass es im Augenblick am besten ist, im weiten Bogen aneinander vorbeizugehen. Wenn ich wenigstens bedaure, dass es so ist.

Das alles ist mein persönlicher Lebenskreis, und dass ich in ihm eine Verantwortung trage, dass in ihm mein Schicksal entsteht, das ist wohl einzusehen. Aber was habe ich zu tun mit den Menschen in meiner Stadt, die ich noch nie gesehen habe? In meinem Land? In anderen Erdteilen? Ich weiß zwar: Wenn ein politischer Diktator, wenn Terroristen Atomwaffen in die Hand bekommen, ist das eine Bedrohung für uns alle. Das sollen unsere Politiker verhindern, aber was kann ich denn hier tun? Wie real ist es für mich, dass der Friede, der zwischen mir und meinem Nachbarn entsteht, die Welt verändert? Ein ganz klein wenig, aber verändert? Wie real erlebe ich schon mein Schicksal als Zeitgenosse? Wie real ist es für mich, dass die furchtbaren Verletzungen der Menschenwürde nicht nur die Taten der Leute an der Folter waren, sondern auch ein Versagen der Menschheit als Ganzem? Wie real nehme ich schon meine Verantwortung als Zeitgenosse?

Im 20. Jahrhundert hat es es 175 Millionen Tote durch politischen Terror gegeben. Bei den meisten der Opfer darf man wohl annehmen, dass der Tod früher eingetreten ist, als es im Lebensbogen vorgesehen war. Bedeutet das nun, dass diese Toten, vielleicht durch Jahrzehnte, es schwer haben, sich von der Erde zu lösen und sich dem Himmel zuzuwenden. Diese Frage drängte sich mir besonders im Juni 1989 auf. Einige Wochen zuvor war ich als Tourist in Peking und dort auch auf dem Platz des Himmlischen Friedens gewesen, und ich habe ohnehin eine besonders herzliche Beziehung zu Ostasien. Als ich nun von der gewaltsamen Niederschlagung der Studentendemonstration hörte, bedrängte mich die Frage: Wie können diese Toten mit dem verfrühten Ende ihres Lebens auf der Erde umgehen, nachdem ihr Versuch, eine freiheitliche Ordnung zu schaffen, misslungen ist, ihr Tod sozusagen umsonst war? Solche Fragen werden ja oft nicht in folgerichtigem Nachdenken Schritt um Schritt beantwortet, sondern Antworten auf tiefere Lebensfragen wollen allmählich reifen, auch während der Nacht. Und die Antwort lautete anders, als man in der Spekulation vielleicht erwartet hätte. Sie lautete: Es ist im Augenblick des Todes noch gar nicht entschieden, wie die Toten auf das vorzeitige Ende ihres Lebens zurückblicken. Das entscheidet sich erst in den Gedanken, Gefühlen und Handlungen der Überlebenden. Wenn diese resignieren, so werden die Gefallenen empfinden: Unser Tod war umsonst. Wenn aber die Überlebenden den Idealen treu bleiben, auch wenn sie anders handeln, als die Toten es getan haben, dann können die Toten einen Sinn in ihrem Tod erkennen und ihn bejahen, auch wenn er «zu früh» kam. Das gilt nicht nur für die Toten von Peking, das gilt auch für die vielen Opfer der Diktaturen, die lernen mussten, ja zu sagen zu ihrem vorzeitigen Tod.

Während man sich früher im Nachdenken über das Schicksal oft mit dem Satz begnügt hat, es geschehe nichts ohne den Willen Gottes, so müssen wir in dieser Frage gründlich umdenken. Die Folterer, die Terroristen, die Betrüger in Politik und Wirtschaft als diejenigen sehen, die den göttlichen Willen vollziehen? Das wäre ja wohl Wahnsinn. Nein, es sind die Menschen, die hier handeln und die dafür die Verantwortung tragen. Schicksal ist weniger festgelegt, als man früher oft gemeint hat. Es lässt einen Freiraum für die Wendung zum Guten oder zum Schlimmen.

Und Schicksal, das ist die zweite große Korrektur des Denkens, die heute nötig ist, betrifft nicht nur den Einzelnen oder eine Gruppe wie die Familie, Schicksal wird mehr und mehr eine Menschheitsangelegenheit. Ob der Kampf für die Menschenrechte in einem einzelnen Land zum Erfolg führt oder zur Ausrottung der Menschenrechtler, das hängt nicht nur von deren Kraft und Geschick ab, sondern auch von der Resonanz, die solche Menschen über die Erde hin finden. Denn wenn es um die Menschenwürde geht, so ist die Menschheit als Ganzes und mit ihr jeder Einzelne betroffen. Als die Balkankrise sich

zuspitzte, als muslimische Frauen in Vergewaltigungsla-
ger gebracht wurden, als Kriegsgefangene zu Tausenden
niedergeschossen wurden, gab es hochgestellte Politiker
in Europa, die dagegen sprachen, sich in die «inneren
Angelegenheiten» eines anderen Landes einzumischen.
Innere Angelegenheiten eines anderen Landes, wenn
dort Menschen misshandelt werden? In Vorträgen habe
ich damals die Ansicht vertreten, dass, wenn die Wah-
rung der Menschenwürde hier nicht gelingt, das Thema
bald an anderer Stelle aktuell wird. Leider habe ich Recht
behalten. Als wenig später die Kreml-Regierung in Tschetschenien einmarschieren ließ, gab es wieder die Politiker
von vorgestern in Europa, die sich nicht in die «inneren
Angelegenheiten» Russlands einmischen wollten. Als ob
Tschetschenien zu Russland gehören würde! Es gehörte
zum russischen Kolonialreich, aber die Zeit der Kolonial-
herrschaft ist vorbei.

Wer in seinem persönlichen Schicksal eine Aufgabe
nicht löst, kann damit rechnen, dass ihm diese Aufgabe
erneut, vielleicht drängender, wieder begegnen wird. Das
Menschheits-Schicksal wirkt anders. Wenn die Menschenwürde verletzt oder wenn diese Verletzung geduldet wird,
werden oft nicht diejenigen von den Folgen getroffen,
die versagt haben, sondern andere. Die Tschetschenen
sind nicht schuld an der moralischen Katastrophe auf

dem Balkan, aber sie sind betroffen von deren Folgen. Nicht alle Menschen haben in gleichem Maße unter diesem Versagen zu leiden, sondern einige stellvertretend für alle. In der gemeinsamen Verantwortung für die Menschenwürde wächst die Menschheit zusammen, bildet sich ein Menschheits-Schicksal. So wird es auch möglich, dass Menschen weit über ihren persönlichen Schicksalskreis hinaus innerhalb der Menschheit wirken. Weshalb sind mächtige Diktaturen im 20. Jahrhundert über Nacht zusammengebrochen? Auch wegen ihrer eigenen Schwäche, aber auch weil es eine starke positive Kraft gab, die Kraft derjenigen, die innerlich aufrecht geblieben waren, der Dissidenten. Im Jahre 1989 konnte deutlich erlebt werden, dass auch Tote dabei waren, als Menschlichkeit einen Sieg errang. Am deutlichsten wurde die helfende Nähe der Toten vielleicht in Prag empfunden. Und hier wurde auch erkennbar, welcher Tote vor allem wirkte, weil in seinem Sinne von Lebenden gehandelt wurde: Gandhi. Es gab demonstrierende Studenten in Prag, die damals, als die Polizei gegen sie vorrückte, sogar den Namen Gandhis wiederholt aussprachen und so seine Gegenwart gewissermaßen dokumentierten. Wenn wir die Geschichte unserer Zeit wirklichkeitsgemäß schildern wollen, sollten wir lernen, die Spuren dieses Handelns von Toten und von Engeln aufzufinden.

Wenn Menschheits-Schicksal beginnt, wenn Menschen sich verantwortlich fühlen für die Menschenwürde, die sich zwischen uns verwirklichen will, wird die Region des Schicksals, die bisher oft als rätselhaft und dunkel erlebt wurde, allmählich von Bewusstsein durchdrungen. Schicksalszusammenhänge wie derjenige zwischen dem Balkan und Tschetschenien werden erkennbar und beeinflussbar.

Es war bisher der Kunstgriff der Engel, zwei Regionen voneinander zu trennen: das Erdenleben, in dem der Mensch verantwortlich handeln kann, und die Welt nach dem Tode, in der dieser Mensch nicht mehr handeln kann, in der er aber erkannte, wie sein Handeln im Himmel beurteilt wird. Überspitzt wird das manchmal so ausgesprochen: Bis zum Tode kann der Mensch viel verbessern, er weiß nur nicht, wie. Nach dem Tode weiß er das, nun aber ist es zu spät zum Handeln. Das ist überspitzt formuliert, denn wenn man wissen will, was gut ist, kann man vieles wissen. Und doch erfasst dieser Satz etwas Wesentliches: Engel wollen den Menschen, der aus eigener Einsicht und aus persönlicher Verantwortung handelt, auch wenn er dabei einmal Umwege und Abwege geht. Sie wollen nicht den Menschen, der nur seine Schulden abträgt, Dollar um Dollar, und damit zufrieden ist. Engel lassen den Menschen frei und leben dann mit den Folgen dessen, was der Mensch getan hat. Engel lassen den Menschen frei während des Erdenlebens und nehmen ihn nach dem Tode wieder zu sich, damit er sich auf das besinnen kann, was mit dem Schöpferwort gemeint war. Der Mensch konnte sein irdisches Dasein nur überstehen, weil die Engel ihn wieder aufnahmen. Und deshalb war die Wiederverkörperung auf dem Wege des Menschen durch die Geschichte notwendig, der Wechsel von Himmel und Erde.

Diese Ordnung des Schicksals neigt sich allmählich dem Ende entgegen. Indem der Mensch beginnt, das Wirken des Schicksals zu erkennen und zu gestalten, wird die Trennung von irdischem und himmlischem Dasein aufgehoben. Geburt und Tod sind nicht mehr Grenzen, sondern Wandlungen unseres Wesens. Indem wir Tote an unserem Leben teilnehmen lassen, als Ratgeber, als Helfer, als Zeugen, wächst die Menschheit zu einem Organismus zusammen, in dem jeder Mensch seine individuelle Eigenart bewahrt, in dem wir alle aber verbunden sind über die bisherigen Grenzen der Völker, Kulturen und Religionen hinweg. In dem Menschen, der Erde und Himmel in sich verbindet, erreicht der Mensch das Ziel seiner eigenen Entwicklung. Und dann kann er sich den beiden großen Aufgaben zuwenden, die auf ihn warten: die Durchlichtung der Erde und die Verwandlung des Bösen.

falter | Wege der Seele – Bilder des Lebens

29 | Die Kunst der Seele
Schritte auf dem Schulungsweg
von Florian Roder

30 | Der siebenfache Flügelschlag der Seele
Leben mit dem Rhythmus der Woche
von Wolfgang Held

31 | Finde dich neu
Sechs Stufen zu einem kreativen Leben
von Michael Lipson

32 | Vier Minuten Sternenzeit
Leben mit den kleinen und großen Rhythmen der Zeit
von Wolfgang Held

33 | Oktaven der Liebe
Sieben Motive der Begegnung
von Dorothea Rapp

34 | Lebenskunst als Lebenskraft
Vom schöpferischen Umgang mit der Freiheit
von Mario Betti

Verlag Freies Geistesleben
Bücher für den Wandel des Menschen

falter | Wege der Seele – Bilder des Lebens

35 | Der Sternenhimmel der Vernunft
Auf dem Weg der zwölf Weltanschauungen
von Corinna und Ralf Gleide

36 | Leben mit dem Leben
Zwölf Einsichten für die persönliche Entwicklung
herausgegeben von Jean-Claude Lin

37 | Hetze und Langeweile
Die Suche nach dem Sinn des Lebens
von Olaf Koob

38 | Leben mit dem Schmerz
von Iris Paxino

39 | Fülle der Nacht
Vom Geheimnis unseres Schlafes
von Olaf Koob

40 | Engel und ihre finsteren Brüder
von Johannes W. Schneider

Verlag Freies Geistesleben
Bücher für den Wandel des Menschen